立川談春

赤めだか

扶桑社
0625

赤めだか

目次

「これはやめとくか」と談志は云った。

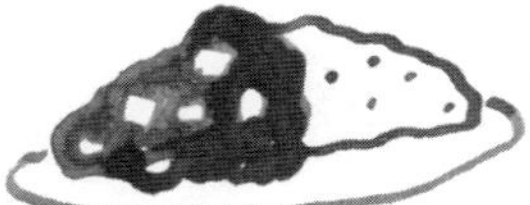

本当は競艇選手になりたかった。

家の近くに戸田競艇場があって、子供にくれるお菓子が楽しみで父親にせがんで日曜日になると連れていってもらった。競艇場で食べるチョコフレークは格段にうまく、僕にとってこの世で一番上等のお菓子だった。だからチョコフレークがビスコに替わった時には泣いて悔しがった。八十円の菓子ごときで泣きだす息子に親父はあきれ、しまいには怒りだし競艇場の売店であるだけのチョコフレークを買うと、

「全部喰え。ひとつでも残したら許さん」と僕に渡した。

三つまではおいしく食べられる。四つ目は我慢すれば食べられる。そこまでが限界、あとは食べるフリをして寄ってくる鳩にそぉーっとまいた。三羽の鳩はチョコフレークを二箱ついばむと飛び立っていってしまった。僕が恐る〳〵親父を見ると、実の息子に対してどんな感情を持てば、こんな怖い目ができるのだろうと思うような目でにらみつけていた。

「もう食べられません」

「喰え」

「ごめんなさい」

「菓子を欲しがるのは子供の権利だがな、権利を主張するなら義務がついてまわる

んだ。覚えておけ。ひとつも残さず喰え」

少年は競艇場のスタンドで、泣きながら権利と義務の因果関係を学んだ。未だにチョコフレークを食べると人間の自由とは何かと考える。鳩の無責任さを思い出す。

中学生になると競艇場は僕にお菓子をくれなくなった。しかし僕は競艇場に通い続けた。僕は競艇場で一人のアイドルを見つけた。登録番号一四八五番、埼玉県出身の加藤峻二選手。競艇草創紀から昭和四十年代、五十年代と競艇にとって一番良い時代だった頃を支え続けた超一流のスター選手。競艇という競技は平べったいボートが六艇《ろくてい》で、左回りで水上競走する。どう考えても内側の方が勝ちやすい。だから不利な外のコースからレースするのは若い選手ばかりで、選手としての格、顔が如実にコース争いに表れる。キャリアと実績を積めば積むほど内側からレースをするものなのである。

ところが加藤峻二は強くなったあとも、ベテランになっても徹底的にアウト（外側）からのレース、戦法にこだわる。

「競艇はインの方が勝ちやすい、それはわかっている。でもみんなインコースからじゃレースは成り立たない。俺はアウトでいい。それは不利だ、勿体ないと他人は云うけれど、スタートを決めてしっかりハンドルを入れてターンすれば、アウトからでも勝てると俺は思ってる。第一、全部イン逃げの決着じゃつまらない。マクリの方が見てて面白いでしょう」

「イン（内側）の本命選手は、十万円、百万円と大口で勝負するお客さんがいる。アウトの俺にはそういうお客さんは少ないかもしれないが、それでもインの選手と同じ売り上げなら、より多くの人が俺を買ってくれている。だからこそインをマクって勝ちたい。ファンの期待に応えたい」

　加藤峻二のアウトからの走法を競艇ファンは「華麗な舞い」と称した。

　初めて少年《ボク》が加藤峻二のレースを見た時に鳥肌が立った。一目惚れだった。

　三日考えて、両親の前で、「僕、加藤峻二になるから」と宣言した。両親は無視したが、僕は真剣だった。

　競艇選手で喰うためには競艇に詳しくならなきゃと、中学に入ると、学校の休みには毎日競艇場に通った。勿論独りで出かけてゆく。補導されるのはやっぱり怖いから、サングラスをかけたが、まだ子供っぽい。仕方ないのでヒゲを描こうと母親の眉墨を持ち出して鏡に向かっていたら、

「お前、何やっているの」

と母親に聞かれた。

「ヒゲ描くんだよ」

深いため息をついたあと、母親が云った。

「底なしの馬鹿だね。お前は」

戸田競艇場の四階のスタンドで、僕はちょっとした有名人だった。サングラスをかけた妙な中学生がいると。一度親父に出くわした。逃げようと思うと全く気づかず親父は僕の前を通り過ぎた。あとを追いかけて親父の腕をつかんで、「よう、元気」と声をかけたら、「誰だ手前は」と云って親父は身構えた。サングラスをずらしたら、呆気にとられていた。「俺の側に近寄るんじゃねえ」と親父は逃げ出した。

家に帰ったあとで、

「お前の人生だ。何になろうとかまわない。競艇場に行くことも許す。補導されてもかまわんが、ヒゲだけはやめろ」

と云われた。そんなにおかしいかしらと鏡をのぞいたら、夏のことで汗だくの顔に描いたヒゲはにじんで、どっかで見た顔だと思ったら、てんぷくトリオの三波伸介みたいだった。両親はしばらく僕と口をきかなかった。

その頃、一流の競艇選手の最低条件は体重が五十キロを切っていることだった。

水の上を走るのだから軽い方が有利に決まっている。選手になるための養成所に入る資格は六十キロ以下だったが、一流プロは皆喰わずに減量していた。加藤峻二は四十八キロ。僕は三度の食事を二度に減らし、その二回も残すようにした。体重は減ったが、身長が伸びだした。高校一年で一七二センチになった。資格は一七〇センチ以下だったが、二センチぐらいなんとかなるだろうと思っていた。高校を卒業したら養成所に入ろうと本気で決めた頃に、テレビで選手募集のＣＭが流れだして、途端に希望者が増えた。競争率は十倍とも十五倍とも云われはじめた。身長はまだ伸びそうなので、たとえ高校中退してでも選手になろうと願書をもらいに行ったら、「君は身長で落とされる。書類審査に通らない。昔ならともかく、今は希望者が多いからね」

と係官に云われた。これで終わり、どうにもならない。

未練だが、なんで競艇選手になりたかったのだろうと思い返してみた。加藤峻二に憧れた、これが第一。第二が、何故か僕は普通の会社員になれないと思っていた。親をはじめ、親類も御近所も背広を着て会社に出かける人種は皆無で職人ばかり。そんな血統で満員電車に乗って通勤する根性があるわけがない。競艇選手なら立派な職人だ。腕一本で金は稼げる。毎レース一着から六着まで決まるのも性に合っている。持続力はないが体力はあるし、たとえ良い成績があげられなくても自分が負けを認めなければ、いつかは勝てると信じて努力すれば道は開ける。あきらめの悪さだけは自信がある。それに競艇選手は他のプロスポーツに比べて選手寿命が長い。だがわずか二センチで全て絵に描いた餅、僕はスタートラインに立つこともできなかった。

僕の思春期は漫才ブーム一色で仲間は皆ぼんちや洋七、のりおの話で持ちきりだった。他人が盛り上がっているとに素直にそれに乗れないのは持ったが病《やまい》で、半端な距離を置いてながめていた。夢中になるということ、周りが見えなくなることが、滑稽に思えてどうしてもためらってしまう。そのくせ流行を無視するほどの根性もないので妙にひねくれ醒めてみる。誰も目もくれなかった落語全集を図書室で読んでみたらこれが面白い。堀の内、そこつ長屋、そこつの使者などそこつものが特に気に入った。こんな馬鹿〳〵しい物語を考えられる大人とはどんな人種なのだろう、落語家って不思議だな、と友達に云ってみたところで誰一人興味を示さない。自分独りで盛り上がれるところも嬉しくて、今で云うマイ・ブーム、寄席に入ったこともなければテープを聴くわけでもないがいっぱしの落語通気取り、僕にとっての落語とは、〝読むもの〟だった。

　中学卒業間近、上野鈴本へ落語を聴きに行くという企画があった。同級生はほとんどが落語初体験。前座からまァよく笑っていた。そんな中で立川談志登場。他の芸人とは出しているオーラが明らかに違っていた。独特の毒舌の面白さに僕は驚いた。

「あのネ、君達にはわからんだろうが、落語っていうのは他の芸能とは全く異質のものなんだ。どんな芸能でも多くの場合は、為せば成るというのがテーマなんだな。一所懸命努力しなさい、勉強しなさい、練習しなさい。そうすれば必ず最後はむくわれますよ。良い結果が出ますよとね。忠臣蔵は四十七士が敵討《かたきう》ちに行って、主君の無念を晴らす物語だよな。普通は四十七士がどんな苦労をしたか、それに耐え志を忘れずに努力した結果、仇《あだ》を討ったという美談で、当然四十七士が主人公だ。スポットライトを浴びるわけだ。でもね赤穂藩には家来が三百人近くいたんだ。総数の中から四十七人しか敵討ちに行かなかった。残りの二百五十三人は逃げちゃったんだ。まさかうまくいくわけがないと思っていた敵討ちが成功したんだから、江戸の町民は拍手喝采だよな。そのあとで皆切腹したが、その遺族は尊敬され親切にもされただろう。逃げちゃった奴等はどんなに悪く云われたか考えてごらん。理由の如何《いかん》を問わずつらい思いをしたはずだ。落語はね、この逃げちゃった奴等が主人公なんだ。人間は寝ちゃいけない状況でも、眠きゃ寝る。酒を飲んじゃいけないと、わかっていてもつい飲んじゃう。夏休みの宿題は計画的にやった方があとで楽だとわかっていても、そうはいかない。八月末になって家族中が慌てだす。それを認めてやるのが落語だ。客席にいる周りの大人をよく見てみろ。昼間からこんなところで油を売ってるなんてロクなもんじゃゃねェヨ。でもな努力して皆偉くなるんなら誰も苦労はしない。努力したけど偉くならないから寄席に来てるんだ。『落語とは人間の業《ごう》の肯定である』。よく覚えときな。教師なんてほとんど馬鹿なんだから、こんなことは教えねェだろう。嫌なことがあったら、たまには落語を聴きに来いや。あんまり聴きすぎると無気力な大人になっちまうからそれも気をつけな」

教師達からは相変わらず生意気だと云われ、仲間は円丈は面白かったけど、談志って誰だっけと忘れられ、談志の評判は決して良くなかったが、僕は魅せられた。

高校に入ってから談志の追っかけをはじめる。根多《ねた》はいつも漫談だったが必ず爆笑をとった。鋭くて、新しくて、危なくて、激しい漫談を数多く聴くうちに、なんでこの人は世の中から叩かれないのか、不思議に思った。絶好調のたけしでさえ、「赤信号みんなで渡れば怖くない」や「寝る前に皆で絞めよう親の首」で、世間の物議をかもしているのに、更に危険な放送禁止用語の飛び交う談志の漫談はフリーパス、むしろ談志の云うことに腹を立てる方が野暮、みたいな空気が客席にいつも漂っていた。

「古典落語はどう演じても現代に合わん。〝伝統を現代に〟をスローガンに落語を語り成果も感じてきたが、これからの時代は違う。伝統は伝統、現代は現代だ。落語家は現代を語らにゃいかんのです。俺様は若い漫才師達と現代で勝負しても負けんのです」

と締めて舞台を降りる談志の背中に向かって、今日も落語を演《や》らねェのかというため息が必ず客席からもれた。入場料を払って聴きに来ている観客の期待を裏切るなんて変な人だなァと感じた。ただし、談志の舞台は、談志一色に染め抜かれて観客の入り込む余地がないようにも思えた。他の芸人は、観客の反応でテンションの上がり下がりがあるように見えたが、談志は、談志のテンションを客が受け止めて反応してゆく。それが見ていてとても面白かった。

もう一人、談志と同じように舞台上を自分一色に染めてしまう芸人が古今亭志《ここんていし》ん朝《ちょう》だった。志ん朝の出囃子《でばやし》が鳴った途端客席の空気がガラッと変わる。志ん朝の出から一挙手一投足《いっきょしゅいっとうそく》まで見逃すまいと観客全員が集中する。そんな気を受け止めるでなく、受け流すわけでもなく志ん朝が落語を語る。きれいで華やかで、明るくて面白い。ウットリしながらため息をついて、「やっぱり志ん朝はいいねェ」という空気が会場全体に流れてゆく。談志と志ん朝は好対照だったが、特に面白かったのは観客の緊張度で、談志の出囃子が鳴るとみんな息を呑む、談志が引っ込むと全員が息を吐く。志ん朝のように途中でブレスするスキを与えない。

子供心にも談志、志ん朝の二人は他の芸人とはモノが違うことはわかった。


競艇選手になるという夢がかなわず行く道を閉ざされて、結構マジで落ち込んだ僕は高校で落研をつくり、人前で話す楽しみを覚えた。大学に行くつもりがなかったので目の前の就職という現実を真剣に考えはじめた。高校二年の春だった。一番好きな道を歩めなかったのだから、あとは何になっても同じ。どうせ運のない人生なら好き勝手に生きられる方法を選ぼう。今の世の中まさか餓え死にはしないだろう。落語家もいいなァ、とぼんやり考えはじめていた。友人の父親が僕の落語を聴いたあとで突然云った。

「志ん朝なら紹介してあげるよ」

「本当ですか」

「うん。弟子にしてくれるかわからないが、会わせてあげることはできる。約束する」

弟子になるなら志ん朝か談志だ。志ん朝の落語は大好きだし、一所懸命修業すればきっと覚えられる。事実僕が落語を覚える時のお手本はいつも志ん朝だった。談志はとても魅力的だったが漫談しか聴いたことがない。談志の面白さは談志のセンスで誰もができるわけではないだろう。志ん朝の型の方が学べそうな気がした。

十六才の高校生は本気でそう考えた。全くお恥ずかしい。汗顔《かんがん》の至りで汗ばむな、だ。稽古、修業で志ん朝になれるのなら落語家は誰も苦労はしない。

「立川談志芸能生活三十周年記念の会」は三宅坂の国立演芸場で行われた。僕は、談志、小さん、円楽、円鏡と並ぶ、口上が見たくて出かけた。そこで初めて談志の落語を聴いた。芝浜だった。

人生で受けた最初のショック、あれ以上の驚きは以後ないので最大とも云える。飲んだくれの亭主に嘘をついた女房が許しを乞う告白のシーンで、今もはっきり覚えているセリフがある。

「あたしが悪いんじゃないの。大家さんが夢にしちゃえって云ったのよ。大家さんが悪いのよ」

人間って極限まで追い詰められたら他人のせいにしてでも云い訳しちゃうもんなんだ。鈴本で聞いた「落語は人間の業の肯定だ」という談志の言葉を思い出した。聴く者の胸ぐらつかんでひきずり回して自分の世界に叩き込む談志の芸は、志ん朝の世界とは全く別物で、聴き終わったあと僕はしばらく立てなかった。好き嫌いや良否を考えるスキも暇も与えてくれない五十分が過ぎたあと、思った。

志ん朝より談志の方が凄い。

人情噺を語る志ん朝を聴いたことがなかったが、その後、志ん朝の文七元結《ぶんしちもっとい》を聴いた。ものすごく上手くて感動したが、凄さはなかった。観客はめいめい、「上手いね」「名人芸だ」と笑顔で語りながら会場をあとにしてゆくが、談志の芝浜の時のように、思いつめた顔でうつむきながら帰ってゆく人は一人もいなかった。

談志の弟子になろうと決めたのはその時だった。

十一時の約束の十五分前に談志の家の前に立った。それから近くの電話ボックスに入り、昨日から考えた会話のシミュレーションを何度も何度も繰り返す。五分前

にふるえながら電話をかけたら、おもいっきり寝ぼけた声で、

「もしもし」

「松岡さんのお宅ですか」

「はい」

声柄の様子では談志本人だ。弟子か家族が出るものだと思い込んでいた僕は動転した。

「松岡さんはいらっしゃいますか」

少しの間《ま》のあと談志が云った。

「うちはみんな松岡だ」

決定打。目の前が真っ暗になった。

それでも必死に、

「佐々木と云います。会っていただける約束をしている者です」

「おお、君か。どこにいる。そうか、すぐに来なさい」

玄関のドアは開いていた。入るわけにもいかないのでインターホンを押した。二度、三度。四度目に談志の絶叫が聞こえた。

「開いてるって云ってんだろう。このまぬけ野郎」

中に入って我が目を疑う。そこに立っているのはまぎれもなく談志だったが格好が凄い。真っ赤なジーンズ地の半ズボンに白のTシャツ。Tシャツの真ん中でミッキーマウスが飛びっきりの笑顔で笑ってる。下から上までひととおり僕をねめまわして談志は顎をしゃくって、部屋のドアをさした。

その部屋で待たされること二時間、談志は突然入ってきた。僕の履歴書を見終わると、

「高校はどうするつもりだ」

「辞めます」

「そうか。学校というところは思い出作りには最適の場所だ。同級生がいて遊び場がある。だが勉強は何処でもできる。俺の側にいる方が勉強になる。学校では会えないような一流の人間にも会える。学歴なんぞ気にしなくていい」

「はい」

「君の今持っている情熱は尊いもんなんだ。大人はよく考えろと云うだろうが自分の人生を決断する、それも十七才でだ。これは立派だ。断ることは簡単だが、俺もその想いを持って小さんに入門した。小さんは引き受けてくれた。感謝している。経験者だからよくわかるが、君に落語家をあきらめなさいと俺には云えんのだ。加

えて俺には後進を育てる義務がある。自分が育ててもらった以上、僕も弟子を育てにゃならんのですよ。つまり、俺は君に落語家になれとも、なるなとも云えん立場なんだな。わかるね」

「はい」

「あと一年、学校を卒業するまで通うのもよし、辞めてこの世界に飛び込むのもよしだ。なんとかなる奴は俺ぐらいになればわかるつもりだ。まんざら馬鹿でもなさそうだし、弟子になる覚悟ができたら親を連れてもう一度来なさい。勿論反対するだろうが、そのくらい説得して来い。親の許可なしでは預かることはできん。わかったな。今日はこれまでだ。気をつけて帰りなさい」

　どうやら親さえ説得できれば弟子になれそうだ。競艇選手になるのはあんなに大変だったのに、怖そうな談志は意外にあっさり門戸を開いてくれた。俺は落語家になるんだ、と思ったら身ぶるいした。

　問題は親の説得だ。チョコフレーク一個で権利と義務を云いだす親父である……。簡単には許可しないだろう。考えたあげく外堀から埋めることにした。

　まず学校の担任に、落語家になるので学校を辞めますと宣言した。担任は、お母さんを連れてきなさいと云った。事《こと》の仔細《しさい》は一切説明せず母親を学校へ連れていった。何をやらかしたのかと母親はビクビクしながら身を固くしている。

母は中学入学早々の写生大会で友達と楽しくおしゃべりしながら歩いていたら、マンホールに落っこちた、らしい。母はマンホールと云っているが、僕は肥溜《こえだ》めだとにらんでいる。母が立派なのはこのあとで、ドロドロに汚れ、仲間達に臭えと云われながら、堂々と給食だけは食べて家に戻ったそうだ。以来卒業まで一日も学校へ行かなかった。祖父の商売を手伝ったり家事をしたり。だから満足に読み書きができない。商売を手伝ったので足し算、引き算はできる。それで就職もしたし（三日で辞めたそうだが）、結婚もして子供も二人育てた。大したもんだ。母も偉いが祖父母も立派で、中学校から卒業証書だけは取りに来るようにと云われた時に、祖父は黒紋付《くろもんつき》羽織袴《はおりはかま》の正装で出かけたという。学校に全く縁のない母は、生まれて初めて高等学校の校舎の中に入って緊張していた。

「お母さん、佐々木君が学校を辞めて落語家になると云われた時は正直驚きました」

「はあ?」

「しかし十七才で人生を決断するのはなかなかできないことです。校長とも相談の結果、佐々木君の決断を全面的に我が校では尊重することにしました」

「はあ」

「校長が一目お目にかかってお祝いを申し上げたいと申しております。校長室へお付き合いください」

「校長室は嫌です」

反射的に母が叫んだ。この人は余程《よほど》学校に嫌な思い出があるのだろう。そうおっしゃらずに、と担任にうながされ校長室へ入ってゆくと校長は満面の笑みで僕達を迎えた。

「お母さん、よくぞここまで息子さんを立派に育て上げられました。佐々木君は名誉卒業生として卒業生名簿に名前を残すことを私はお約束します。今日は佐々木君一人の卒業式です。卒業証書は差し上げられませんが、代わりに私が色紙を用意しました。終業式では全校生徒の前で佐々木君にエールを送りたいと思います」

校門を出てから校長に手渡された色紙をしみじみと見て、母は、お前は先生方に誉められるような立派なことをしたのかねェ、と云った。

その夜、学校を辞めて談志の弟子になりたいんだけど、と云ったら親父はのけぞって驚いた。

「よりによって談志か……。お前の人生だから好きにすればいい。ただし高校だけは卒業しろ。それが条件だ」

「気持ちはよくわかるけれど、今すぐ弟子になりたいという俺の気持ちもわかるだろ。認めてもらえるとは思ってない。申し訳ないけど学校は辞める。話し合いの余地はないね」

親父はひきつった笑いを浮かべたあとで云った。

「そうか上等だ。だが、ここは俺の家だ。俺がルールだ。勝手をするなら出ていけ。談志のことだ。弟子の面倒などみないだろう。お前は自分の住む家と、喰う仕事をみつけろ。今後俺の機嫌などとらなくていい。学校を卒業するなら家から通わせてやる。援助もしてやる。どっちにするかもう一度よく考えろ」

「でもねェお父さん。校長先生が色紙までくれちゃったのよ。今更やめますっていうのもねェ」

「馬鹿野郎！　そんなモン捨てちまえ！」

親父は色紙をビリビリとやぶり捨てた。

落語を聴くなら談志は必ず聴いておけと教えてくれた親父が、何故そんなにまで談志を悪く云うのか、その時はわからなかった。そうまで云われればこっちも意地で、アルバイトニュースを買った。三月末という時期も良かったのだろう。新聞配達なら住み込み、食事つきで雇ってくれる。

「でもこれは保険だ。弟子になれるということは内弟子になることなんだから」

と僕は思っていた。


雪の多い年だった。三月なのに雪が降っていた。僕は独りで談志の家へ向かった。母親は、父親に絶対に挨拶など行くなと止められていたらしく、ついてきてくれなかった。

「親はどうした」

「反対しています。勝手にしろと云われました」

「あのな坊や。俺は忙しいんだ。今日は君が親を連れてくると云うから時間をつくった。ルール違反だ。大人の世界では許されない」

「はい。申し訳ありません」

「どうするつもりだ。俺は内弟子はとらない。何故なら他人が俺の生活にかかわってくるのが嫌だからだ」

十七才の僕は、そういうものかとその時思ったが、今考えてみれば滅茶苦茶だ。断るにしたってもう少し云い方がある。

「新聞配達します。住み込みです。食事も出ます。朝早くですから御迷惑はかけません」

「決めてきたのか」

「お許しをいただけたら新聞屋に連絡します」

「よし、すぐ電話しろ。家の電話を使ってかまわん」

電話を切って決まりましたと云ったら、談志は叫んだ。

「弟子にしてやる。よし、いい了見だ。昔はな、新聞配達少年なんて、みんな貧乏人だったんだ。恥ずかしいから隠したもんだ。今はいい時代だから美談になる。十七で家を出て新聞配達をしながら修業したなんて、売れたあとで自慢になるぞ。黒柳徹子が涙ぐんで、御苦労なさったのねェ、なんてお前に聞くぞ」

なんで黒柳徹子が出てくるのかよくわからなかったが、談志は上機嫌だ。

「よしんば売れなかったにしてもだ。縄のれんで一杯飲《や》っている時のグチのネタにはなる。心配するな。どっちを選ぶかはお前次第だ」

そう云われてこの人の弟子になって良かったと心底思った。一所懸命頑張りなさいなんて、口が裂《さ》けても云わないのだろう。人生思い通りにはいかないが、どう転んだってそれほど悪いことばかりあるわけじゃないと教えてくれているんだと思った。

「坊や、カレーの作り方を教えてやろう」

　キッチンに連れていかれる。

「これは俺が作ったシチューの残りだ。これからカレーにする。シチューにスパイス入れりゃカレーになるんだ。冷蔵庫に、ラッキョと柴漬があるから、まずこれをきざんでぶち込む。チーズケーキの残りがあるな、これも入れよう。何驚いてるんだ。卵にチーズに小麦粉だろ、まずいわけねェじゃねェか」

　一口味見をしたあと、談志は黙ってしまった。

「坊やなんか調味料ねェか。納豆のタレ？　入れちまえ。ケチャップとウスター、中濃ソースだろ。ちょっと甘味が足りねェな。その黒豆よこせ、つゆを入れよう。あれ、甘くなり過ぎたな。トウバンジャン出せ。隣にあるのはなんだ？　オイスターソース？　持ってこい。贅沢なもんだ。あと何がある。マヨネーズ？　いらん、それはいらん」

　談志はマヨネーズは嫌いらしい。

　横で見ていて、この人は一体何が作りたいんだろうと思った。ジャガイモや玉ねぎ、ニンジンの肝心の野菜類は手つかずで置いてある。これはどうしましょう、と

聞いたら、

「それは明日使うからそのままでいい。明日はうまいポトフを作ってやる」

と云ったので気持ち悪くなった。ポトフを作るということは、寸胴鍋一杯に作ったカレーのようなものを今日一日で食べるということだ。談志は、かまぼこを手にとって考えている。頼むからやめてと念じている気配を感じたのか、談志が振り向いた。

「これはやめとくか」と云って笑った。

煮込むこと二時間、カレーが完成した。

「談志カレーだ。喰え」

目をつぶって一口食べた。

意外にもうまかった。

夢中で食べて、お代わりしてもいいですかと尋ねたら、

「許す、カレーってのはそういうもんだ。こんなものに千五百円も出して喰うことはねェんだ。下らねェ海老だの肉だの入れることァねェんだ。坊や、よく覚えとけ、世の中のもの全て人間が作ったもんだ。人間が作った世の中、人間にこわせないものはないんだ」

この人は天才だと思った。

「明日のポトフなァ、何を入れるか」

と云いながら冷蔵庫の中から、またかまぼこを取り出して、

「挑戦してみるか」とつぶやいた。

僕は少し気が遠くなった。


昭和五十九年三月、なごり雪の降る日に僕は立川談志の弟子になった。

新聞配達少年と修業のカタチ

落語家の前座はどんなに生活が苦しくてもアルバイトは基本的には許されない。ならばどうやって暮らしてゆくのか。立川流の前座にとってはそれが一番の大問題であった。

普通の前座、ここで云う普通とは落語協会や芸術協会の前座、つまり寄席というホームグラウンドを持つ人達のことをさす。伝統とは持続するために様々な洗練された知恵を生み出すものである。落語家になるにはどうしても弟子になるより手がない。まずは見習いとして師匠の身の回りの世話をはじめ、師匠の家で家庭一般の雑用をこなす。食事は師匠が食べさせてくれる。師匠によっては小遣いをくれる人もいるだろう。

三か月、半年と過ぎて慣れてくれば、寄席に前座として入る。楽屋一切の雑用をこなし、わずかではあるが日当も出る。寄席は一年三百六十五日興行をしているから朝の十時、十一時から夜の九時、十時まで、ただひたすらに働く。自由な時間など一切ない代わり、寄席にさえ入っていれば飢え死にするようなことはない。先輩に可愛がられれば、たまには酒や飯も御馳走してもらえる。落語協会、芸術協会という一家であり、運命共同体と考える方がわかりやすい。

ただし大所帯であるから当然序列を重んじる。和を乱す存在を何より嫌う。実力優先主義の下での、本当の意味での平等では組織として保《も》たない。だから変革を望まない。全員にとってメリットのある改革などありえないのである。

対して立川流。立川談志は落語共同体を飛び出した。出ていってくれてホッとした人は多かったことだろう。談志《イエモト》は独自の歩みをはじめたが、弟子の育成に関しては問題が多かった。寄席がないということは、前座が出かける場所は談志《イエモト》の自宅しかない。談志《イエモト》が地方に仕事に出かける時は、旅についてゆく一人の前座を除いて残りは自由。前座でありながら自由な時間は余るほどあり、そこで自分のためにどう時間を使うか、明確な目標と強い意志をどうやって持つか。持てたところで己を鍛えるためのプログラムから自分でつくらなければならない。

弟子になったばかりの若者が、時間割を決め、資料を集め、ひとつひとつ自分で考え、覚え、それを談志《イエモト》の前で発表する。発表した者に限って談志《イエモト》は次の課題を見つけるヒントだけ与える。立川流は一家ではなく研究所である。研究所であるから飛びきり強い生命体も生まれるが、その陰で驚くほどの犠牲も出る。実力、能力を優先した本当の意味での平等と自由はあるが、残酷なまでの結果も必ず出る。それが談志《イエモト》の選んだ教育方法である。

さて、その競争に勝ち残る強い種になることとは別に、毎日食べないと死ぬというわかりやすい現実と前座達はまず戦う。談志《イエモト》は弟子の生活の面倒は一切みないと入門前に宣言した。どうやって暮らしてゆくつもりなんだとみんなに問うた。立川流の前座にとって親の理解と援助は必要不可欠、死活問題であった。ところが僕には親の援助が一切なかった。談志《イエモト》から特例として新聞配達のアルバイトを認めてもらった。

仕事が終わって談志《イエモト》を練馬の家へ送り、下宿へ戻るのが夜中の十二時か一時。三時起床。まだ誰もいない新聞屋で広告の折り込みをはじめる。新聞に入っている広告は昭和五十九年当時は手入れだった。現在もそうなのだろうと思っていたが、今は機械が折り揃えたものを新聞に入れるだけだそうで、技術というのは進歩するもんだと驚いた。他の店員は夕刊を配り終えたあとにそれぞれ広告をひとつにまとめるが、僕は夕刊が終わると急いで談志《イエモト》の仕事場に向かうので他人より早く起きて広告を作る。悲しいを通り越して笑っちゃうぐらいの不器用な僕は、広告の折り込みに時間がかかる。

五時過ぎにようやく配達開始。僕の配達区域は新人ということで配達数の一番少ない地域。全部で百八十六部配る。部数は少ないが距離は一番長い。家と家の間が離れている。畑、林、坂が多く、アップダウンがきつい。住宅密集地ではないのでマンションが少なく一軒家が多い。自転車に積んだ新聞がなかなか減らない。重いわ、眠いわ、坂はきついわ、で八時過ぎにへとへとになって新聞屋に戻ってくる。朝起きると家に新聞が届いているということがどれほどありがたいことか、自分が配って初めて骨身に沁《し》みてわかった。配達を終えると、新聞屋で朝食を用意してくれてあって目一杯食べる。朝・夕食つきで下宿を世話してくれて、学生には奨学金制度まであって実に良いシステムであった。

九時頃下宿に戻って談志の家へ集合する時間まで一、二時間仮眠をとる。昼近くから午後三時まで談志宅《イエモト》で雑用をこなし、それから夕刊を配りに新聞屋に戻る。夕刊は朝刊に比べて軽いので苦労はなくサイクリング気分で配達を終え、夕食を食べてから談志《イエモト》の仕事先か練馬宅へ戻ってまた雑用。これが僕の一日のスケジュールだった。

平均の睡眠時間が二時間が二回で四時間。神経の休まる時は一瞬としてなく入門して一か月で八キロやせた。体重が四十キロ台になった時に一度だけ競艇選手になった方が良かったかな、と思った。

新聞配達にとっての大敵は雨と雪である。暑さ、寒さ、風はなんとかなる。一番大変な時期の梅雨を過ぎ、陽気も良くなり無理なスケジュールに体も慣れはじめると……人間ズルをしだす。要領をかます。

僕が配っていたのは、朝日、日経、日刊スポーツ、デイリースポーツ、その他めずらしいものでは日刊工業新聞とか東京タイムスもあった。毎朝眠くてとにかくつらい。真剣に配ってないから他人より時間がかかる。そのうち面倒臭くなって適当に新聞を入れるようになった。そうなると苦情の嵐だ。朝食の時間が一日で唯一くつろげる時間なのに新聞屋の電話が鳴る。

「もしもし、お宅の新聞はどうなってるのよ。朝刊が届くのが八時近くじゃ主人が朝食の時に読めないじゃないの。今まではこんなことなかったのに」

「申し訳ありません。実は新しい配達員がイラン人でして、朝日に向かってお祈りをはじめちゃうんです。日本語を何とか覚えて間違いは少なくなったんですが、事が神様にかかわるので手前共も注意しづらくて……」

「ふざけないでよ。明日からは配らなくて結構、やめるわ」

切れた途端に次の電話が鳴る。

「おい、お前んとこは何なんだ」

「と申しますと」

「昨日は久しぶりに阪神が勝ったんだぞ。掛布のホームランで逆転勝ちしたんで今朝のスポーツ紙を楽しみにしてたのに、何で日刊株式新聞なんてのが入ってんだ」

「お客様、これから阪神は上昇一途です。優勝しますと株の方もぐんと上がります。買うなら今、と配達員が気を遣わせたものと」

「なめてんのか馬鹿野郎！　今すぐデイリースポーツ持ってこい」

しようがないから届けに行く。

「デイリースポーツ、お待ちどおさまでした」

「ソバ屋か手前は！」

怒鳴りながら出てきたのは、初夏にもかかわらず腹巻をしたパンチパーマのアンちゃんだった。

「どうもすみませんでした」

「このマヌケ！　お前なァ、どうやったらデイリーと株式新聞を間違えるんだ。重さも厚さも全部違うだろ」

「見出しが両方とも赤だったんです」

「新聞を色で分けるんじゃねェ」

「ごもっともです。今後気をつけます。これ気持ちです。サービスです」

日刊工業新聞を手渡したらパンチパーマがブチ切れた。

「この新聞のどこに掛布が載ってるんだよ、くそガキ、なめてんのか！」

僕が配達するようになってから、三か月で百八十六部から百四十少々に部数が減った。

十七才で談志に弟子入りした僕に遅れること三日、青年は入門してきた。丸顔で色白で目が細く鼻が大きい。物腰が柔らかく、おっとりしていていつもニコニコと笑っている。

「兄《アニ》さん、よろしくお願いします」

と丁寧に挨拶されて、恥ずかしかった。僕より十才年上で塾の講師をしていた青年の笑顔の下の本音はどんなものだったのだろう。高校も満足に卒業していない子供を「兄さん」と呼ぶ心境は僕には永遠にわからない。入門一か月を過ぎた頃、僕達二人は談志《イエモト》に呼ばれた。

「お前達に名前をつける。その前にはっきりさせておくが、お前達は立川流の中では同期だ。兄弟子《あにでし》弟弟子《おとうとでし》の関係ではない。ただし、公の場所へ出た時は、坊や、お前が兄弟子、先輩だ。たとえ三日でも先に入門した者を、どれだけ年が離れていようと落語界では兄さんと呼ぶんだ。わかったな」

「はい」と青年は答えた。横顔に悔しさを僕は感じなかったが、二人は同期でいいのに談志《イエモト》も細かいなと思い、それは彼も同じだろうと考えた。

「ま、建前だがな。はっきりさせとかんとお互い付き合いづらいだろう。同期の二人だ、名前は春と秋とする。坊やは談春、お前は談秋。仲良くやれ」

と云って、談志専用のメモ用紙に自筆で書いた、立川談春、立川談秋という二枚の紙をくれた。専用のメモ用紙とはスーパーでくれるチラシ、ダイレクトメールの裏白の紙などを四分割にしたもので、談春の文字の裏は〝週末大売り出し〟と、談秋の裏は〝サンマ二本で百円〟と書かれていた。昭和五十九年四月、サンマは安かった。時期から考えてきっと冷凍ものだったのだろう。談秋は「サンマよりは、大売り出しの方が僕はいいな」と云ったが、とっても嬉しそうな顔で笑った。

「師匠失礼します」

「おう」

玄関で談秋の靴を揃えてから、先に外へ出ようとした僕の背中に談志《イエモト》の怒鳴り声が飛んだ。

「談春！　何してやがんだ。馬鹿野郎！　どこの世界に弟弟子の靴揃える兄弟子がいるんだ。おい小僧、よく覚えておけよ！　年が下でもお前が兄さんと呼ばれるのはな、お前が後輩に教えられることがあるからだ。形式だけの兄弟子、弟弟子なら、そんなものヤメチマエ！　談秋に聞かれたことは、皆答えられるようにしとけ。そのための努力をしろ。靴なんか揃えてる暇はねェんだ。前座の間はな、どうやったら俺が喜ぶか、それだけ考えてろ。患《わずら》うほど、気を遣え。お前は俺に惚れて落語家になったんだろう。本気で惚れてる相手なら死ぬ気で尽くせ。サシで付き合って相手を喜ばせられないような奴が何百人という客を満足させられるわけがねェだろう。談秋、テメェもテメェだ。兄弟子に靴揃えられて黙って履こうとする馬鹿が何処にいる！」

二人で、申し訳ありませんでした、と謝ったあと外へ出た。

「兄さん。僕が至らなくてすいませんでした」

と談秋が云った。

下宿に帰ってから二枚の紙に書かれた「立川談春」の文字を僕はじっとみつめた。一枚は談志《イエモト》から手渡されたもの、もう一枚は自分で書いたものだった。入門を許されてからずっと、自分はどんな名前になるのだろうと考えていた。父方の祖母の名前がハルと云って、それだけの理由で談春っていいなァ、前座じゃなくて真打みたいな名前だなと思いながら紙に書いてみた。字面も響きも気に入ったが、談志《イエモト》が前座につけるような名前ではない。過去に、寸志、孔志、談奈、談吉、なかには談Qなんてものまである。前座は覚えやすい名前でよし、自分で気に入ったものがあれば二ツ目の時につけろ、が談志《イエモト》の考えで、談春は立派過ぎると思っていたのに、今日、本当に談春になっちゃった。一週間ほど前に自分で書いた紙きれの立川談春の文字と談志《イエモト》の書いてくれた談春を、もう一度合わせて見るうちに、ちょっとだけだがゾッとした。

入門一か月目、僕は立川談春になった。

「ええ名前やないか。うらやましいくらいのもんやわ」

と云ったのは前座仲間の関西、二十三才。僕より一か月早い入門で、大阪からの弟子入りなので関西。「なんやねんホンマ関西て。黒い犬にクロってつけるのと同じやないか」といつもボヤいていた。談志の弟子なのに、談の字も志の字ももらえなかったのが余程ショックだったらしい。バイタリティの固まりみたいな人で、話は面白く物真似がうまい。この人と競って勝たないと僕は売れないんだ、と、ショックを受けた。とても勝てる気がしなかった。

「おじさんがねェ、うまい餃子を食べさせる店をみつけといた。生ビールに餃子、たまらないねェ」

酒となるとしみじみ幸せそうな顔をするのが立川談々《だんだん》。僕よりひと回り上の午年で二十九才。前年の十二月に入門。前座のくせにハゲていた。「あいつをカバン持ちに連れて歩くと、俺が年寄りをいじめているようで嫌だ」と師匠を嘆《なげ》かせるほどだった。ところが談々、学生時代、柔道で鍛えていたそうで前座四人の中で一番体力がある。ハゲた前座は業界ではめずらしく、一度会った人はまず忘れない。酒と志ん生をこよなく愛し、物おじしない能書き好き。本来前座は落語家になるための修業期間。酒・煙草・博打は御法度。談志《イエモト》に煙草を吸っているのをみつかった前座が、謹慎一か月をくらった前例があるくらいだ。が、談々は談志《イエモト》が家で独りで飲んでいると横で飲みたくてたまらないという顔をする。一滴も飲めない僕でも一目でわかるような酒飲みたい光線を、あの談志《イエモト》に向かって発射し続ける根性は立派だ。ある時、余程機嫌が良かったのか、それとも前座という身分をわきまえぬ本物の馬鹿なのかを試すつもりだったのか、談志《イエモト》が談々に云った。

「談々、そこに一升あるから好きなだけ飲んでみろ」

「はい、ありがとうございます」

二つ返事で正座すると談々は飲みはじめた。背筋を伸ばしてクイクイ飲む彼を僕達三人はあきれてみつめていた。二時間ほどたった頃、談志《イエモト》が、

「お前達、今日はもういい。帰ってくれ」

と云った。三人は帰り仕度をはじめたが談々は動かない。関西が、

「何してまんの談々兄さん。師匠を失敗《しくじり》まっせ。帰りましょう」

「うん、あとひと口だから」

「何云うてまんの。早よう出まっせ」

談志《イエモト》が怖い目で談々をにらんで云った。

「ビンごとくれてやるから家に帰って飲め」

最後の一杯をキューッと飲み干して談々が、

「師匠ちょうだいしました。御馳走様でした」

「御馳走様って、お前、一升残らず飲んだのか」

「はい」

「……………」

沈黙する談志《イエモト》に談々は涼しい顔で云った。

「師匠、寝酒に一本いただいて帰ってもよろしいですか」

この台詞に関西が驚いた。

「ええかげんにしなはれ！　師匠、すんません。談々兄さんは酔うてます」

談志《イエモト》は黙って物置へと向かい、しばらくするとほこりだらけの二合ビンを手に持ち、それを談々の目の前に差し出すと、

「持ってけ」

と云ったあと、僕達四人をしばらくみつめて、

「お前達頼むから帰ってくれ」

と云った。

この一件を関西から電話で報告されて怒ったのが立前座《たてぜんざ》の志の輔。立前座とは前座の中での一番の古株、責任者。寄席では出番のやりくりはじめ舞台監督の役目をする重要なポジションだが、立川流は寄席には出ない。入門は談々より一年早いが、談々とは同じ年。

「俺は二十八で入門して、そんな遅い入門は絶対にいないと思ったんだが、談々は俺より遅いんだもんなァ。そうかと思えば談春《ハル》は十七で入門だろ。関西は大阪から

の入門で、みんな根性あるよなァ」

なんて云っていたが、僕に云わせれば、志の輔のガッツは群を抜いていた。脱サラしての遅い入門、おまけにカミさん持ち。修業期間の前座時代に長い時間はかけられない。立川流で二ツ目になるための課題は、古典落語を五十席覚えること。そして談志《イエモト》がアトランダムに選んだ根多をその場で演じ、談志《イエモト》を納得させる出来であること。それを達成できれば入門半年でも二ツ目になれる。志の輔は一年ちょっとで五十席を覚え、あとは試験を待つばかりの状態。談志《イエモト》への気遣いも充分に足り、特例として談志《イエモト》から他の仕事へ行くことを許されていた。前座でいながら実質二ツ目扱いだった。

「お前達四人で師匠のことは頼むぞ。何かあったら連絡をくれ。必ず飛んでゆくから。談々、おまえは年上なんだから、皆の面倒をみてやってくれよ」と頼まれた当人が、一升酒を飲んで、帰りに談志にお土産をねだったのだから、志の輔の怒るまいことか。

「談々、お前師匠のお客じゃあるまいし、寝酒くださいって、頭おかしいんじゃないのか」

志の輔の小言に関西がうなずく。僕と談秋は黙ってうつむいていた。

「でも志の輔兄さん。師匠喜んでましたよ。前座のうちから酒でハマる（認められて可愛がられること）なんてアタシくらいでしょう」

と談々は涼しい顔。

「大馬鹿野郎。どんな酒もらったんだ。見せてみろ」

「これですよ」

とカバンから取り出した二合ビンと箱を見て志の輔が叫んだ。

「よく見てみろ馬鹿。箱に家紋と山本家って書いてあるだろう。これお清めの酒だ。師匠の家にはいくらだって良い酒があるのに、わざわざ選んだのがこれなんだぞ。ハマッてるわけないだろう」

「師匠一流の洒落ですね」

「……………」

肩を落とした志の輔が、

「関西、談々はこういう奴だ。師匠の用事はお前が確認して処理してくれ。談春も談秋もそのつもりで働いてくれ。談々、お前は酒さえ飲まなきゃ細かい用事までキチッとできる奴なんだから、監督するように。基本的にはお前は動かなくていい」

云われた談々の答えが立派だった。

「はい。私も監督に徹した方が向いていると思います。皆本当に困った時には相談に乗るからね。そこまでは若い者で頑張ってね」

トドメを刺された志の輔が淋しそうに帰っていった。かくして談々、前座でありながら、治外法権の身の上となった。

志の輔をのぞく四人の前座の中で、一番大変だったのは関西だった。どの前座でも談志《イエモト》に用事を云いつけられれば、パニックになる。パニックになるような追い込み方、物の云い方を談志《イエモト》はする上に、一度に大量の用事を云いつける。昼前に自宅に弟子が入り、ひととおりの掃除をしているうちに談志《イエモト》が起きてくる。揃って朝の挨拶に伺った途端、指示が飛ぶ。

「二階のベランダ側の窓の桟が汚れている、きれいにしろ。葉書出しとけ。スーパーで牛乳買ってこい。庭のつつじの花がしぼんで汚ねェ、むしっちまえ。留守の間に隣の家に宅急便が届いている、もらってこい。枕カバー替えとけ。事務所に電話して、この間の仕事のギャラ確認しとけ。シャワーの出が良くない上にお湯がぬるい。原因を調べて直せ。どうしてもお前達で直せないなら職人を呼ぶことを許すが、金は使うな。物置に写真が大量にある。外枠の白い部分が俺は嫌いだ、きれいにカットしろ。豚のコマ切れ百グラム買ってこい。戸袋に鳥が巣を作ったようだ、うまく処理しろ、これは談々にやらせろ。スリッパの裏が汚ねェ、きれいにふいとけ。家の塀を偉そうな顔して猫が歩きやがる。不愉快だ、空気銃で撃て。ただし殺すな。重傷でいい。庭の八重桜に毛虫がたかると嫌だから、薬まいとけ。何か探せばそれらしきものがあるだろう。なきゃ作れ。オリジナリティとはそうやって発揮してゆくもんだ」

　立て続けにここまで云われると人間おだやかな気持ちになることを僕は知った。なんとか覚えようとはするが無理なものは無理。スーパーへのお使いはこれとこれ、掃除はココとココ。急ぐ用事はあれで、時間をかけてもいいのは庭のものと、いくらか系統だててくれれば、覚えられる可能性を若干残すだろうが、談志は思いつくままに云い立てるからひとつも頭に残らない。一番恐ろしいことは、談志《イエモト》は云いつけた用事をひとつ残らず覚えていて、一日の終わりに全てチェックが入るという事実。

　ああ、今日もまた怒られるんだなァと思うと僕の頭は、とんでもない方向へ妄想しはじめる。どうせ怒られるなら、ひとつぐらい完璧に用事をこなそう。猫を空気銃で撃つのは面白そうだ。猫のどの部分を狙えば気絶するのだろう、やっぱり目と目の間かな、一発で仕留めたら談志《イエモト》は喜んでくれるだろうか、などと思って横にいる関西を見ると顔面蒼白《がんめんそうはく》。そりゃそうで、前座責任者の立場上、誰に何をやらせるか、どうやったら、早く正確に全ての用事を処理できるかを必死に考えているのだろう。覚えている用事からひとつひとつこなして、あとで忘れたものを談志《イエモト》に確認すればいいじゃないか、という当たり前の考え方が当時の僕達には一切なかった。師弟の間で五分五分の会話というのは存在しないと思い込んでいた。談志《イエモト》は今日やるべきことは全て指示した、弟子が一遍で覚えて処理すれば、事は解決、覚えられないのは僕達が悪い、談志《イエモト》は英語で話しているわけじゃない、修業とはそういうもんだと。前座全員入門前に談志《イエモト》から云われている。「修業とは矛盾に耐えることだ」と。矛盾の意味をはき違えているのではないですかと第三者から問われれば、その通りですと答えるだろう。しかし僕達は就職したわけじゃない。談志《イエモト》の家のお手伝いさんでもない。覚えきれない量の雑事をなんとか覚えて、こなして、四人揃って談志《イエモト》に報告する。談志《イエモト》が笑って、「じゃ、飯にするか」と台所に入って自分でチャーハンを作りだす。肉は百グラムしか入っていないけれど、五人分で卵はたった一個だけれど、この人は一体何が作りたかったのだろうと思うような塩加減の時が多かったけれど、みんなで食べる。

「喰ったって死にゃーしねェが、このチャーハンは体にはよくねェな」

談志《イエモト》の一言で皆笑う。その一瞬が欲しくて僕達前座は目の色変えてシャワーを直し、パニックになりながら猫を追う。誰かが一言「もう一度確認させてください」と云えば済むことではある。それを怒るような人ではないけれど、何故かみんな確認しない。


談々は戸袋の鳥の巣処理班、僕は二階の窓掃除、関西は寝室へ、残った談秋は真っ赤な顔で行ってまいりますと叫ぶと、隣のスーパーへ全力ダッシュ。各自戦闘開始だ。

「おい、牛乳買ってきたか」

「談秋さんが行きました」

「遅せェじゃねェか。俺は牛乳を絞ってこいと云ったわけじゃねェ。買ってこいと云ったんだ」

「はい、確認します」

僕が庭に出たら談秋はものすごい形相で、つつじの根元にキンチョールをまいていた。

「何してんの」

「つつじに毛虫がたからないように」

「違うよ。毛虫は八重桜だよ。つつじは花を間引くんだよ」

「えっ！」

あんまり馬鹿〳〵しいので吹きだしたら背後から怒声。

「テメェ、談秋！　何考えてんだ。つつじが枯れちまうだろ。談春、そいつになんかやらせるんじゃねえ、お前がやれ。談秋、お前は何にもしなくてもいい。じっとしてろ！」

じっとしてろと云われるのが弟子は一番困る。

「申し訳ございません」

と談秋は談志《イエモト》に向かって土下座した。彼はいつも土下座して申し訳ございません、と云う。申し訳ございませんの談秋というあだ名が、一門の真打にまで知れ渡っていた。

「馬鹿野郎、俺に謝ったってしようがねェじゃねェか。謝るならつつじに謝れ」

談秋はつつじの前に土下座すると、やっぱり、申し訳ございませんと云った。談志《イエ》
志《モト》は笑いながら、

「つつじが許してくれたと思うまで謝っとけ」

と叫んだ。つつじの前で、直訴する農民のごとく、談秋は土下座したまま、しばらく動かなかった。つつじの姿を見ながら僕は、ひょっとして談志《イエモト》は、本当は意地悪な人なんじゃないかと思った。その姿を見上げると、談々が黒いサングラスをかけて伏せた姿で空気銃を構えて塀を通るであろう猫を待っていた。寄席を持たない立川流の修業のカタチを僕はかなり不安に感じた。

談秋は、とてもおっとりしていて、そして生真面目だった。そういう人間がパニックになると信じられないような行動を起こす。キンチョール攻めに遭ったつつじは、すっかり元気を失くし、一週間ほどすると枯れかけた。キンチョールの効き目は恐ろしい。談秋は談志《イエモト》に内緒で、目の玉が飛び出るほどの値段で買ってきた栄養剤を毎日涙ぐみながら、つつじの根元にかけていた。「頑張ってくれよう、頼むから頑張ってくれよう」と呪文のようにつぶやきながら。この一件以来、談秋は談志《イエモト》に用事を云いつけられるとパニックになってしまうくせがついてしまった。

「談秋、玉ねぎ」

「はい」

談志《イエモト》に云われた談秋は全力で二階へ向かってダッシュした。彼がダッシュすると必ず事件が起きる。僕と談々と関西は顔を見合わせた。二階は家族の寝室と和室があるだけで何処を探しても玉ねぎがあるはずがない。玉ねぎは彼が立っていた目の前にある冷蔵庫の中にある。だから談秋に命じたのに……。ガタガタ音がする。部屋から部屋へと歩きまわっている気配がする。五分ほど彼は二階を探しまわっていた。僕達は、ただ身体を固くして奇跡を祈る。彼が二階に玉ねぎを隠しておいて、いざという時に談志《イエモト》の目の前に出してウケを狙っているに違いないという起こりもしない空想をする。談志《イエモト》はリビングのソファーに座ると新聞を読みはじめた。今にも爆発しそうな赤い顔で談秋は二階から降りてくると、

「師匠、玉ねぎがございません。申し訳ございません」

と云った。

「うん、そうだな。玉ねぎは二階にはない。冷蔵庫の中じゃねェか」

「あっ」

と談秋は叫んで、冷蔵庫の野菜室をひっかきまわして談志の前へニンニクを差し出した。一瞬の間《ま》のあと談志《イエモト》が云った。

「談秋、それは昨日青森から届いたニンニクだ。玉ねぎっていうのはな、これだ。

よく覚えておけ」

　と云うと、皮をむいて玉ねぎをきざみだした。彼は土下座して、うめくように
「申し訳ございません」と云ったきり動かなかった。

「おい談秋、金魚にエサやっとけ。麩がある場所はわかるな」

「はい」

　庭の水がめに飼っている金魚は、金魚とは名ばかりで、いくらエサをやってもちっとも育たなかった。僕達は、あれは金魚じゃない、赤めだかだ、と云って馬鹿にしていたが、大きくならないところも談志《シショウ》好みらしく可愛がっていた。出かける仕度を整えて、談志《イエモト》、談々、関西、僕で庭へ出ると、談秋はまだエサをやっている。水がめを見て談志《イエモト》は目をむき、僕達は息を呑んだ。談秋、麩一本丸ごと指先でつぶして、全部水がめの中に入れていた。膨張して層になったお麩の中で金魚がピクピクしている。お麩の中で溺れる金魚を僕は生まれて初めて見た。談志《イエモト》が笑顔で、ものすごく優しい声で、

「談秋、金魚はそんなに喰わねェだろ」

　と云った。肩をふるわせて「申し訳ございません」と小声でつぶやきながら、談

秋は手でお麩をすくって捨てている。わけがわからなくなっているのだろう、お麩と一緒に、金魚もすくって何匹か捨てている。それを見ないフリをして談志《イエモト》は門を出て大通りへ向かって歩いてゆく。僕達三人も黙ってあとをついてゆく。僕が一度だけ振り返ったら、談秋はまだ水がめの中に手を突っ込んでいた。その日、談秋は談志《イエモト》の仕事場にやって来なかった。

そうーっと鍵を開けて家の中に入ったら、めずらしく談志《イエモト》は起きていて書斎で書き物をしていた。今日は僕と談秋の二人だけで家に行くはずだったが、時間になっても談秋が来ない。覚悟を決めて一人で入ったが、談秋のいない云い訳をなんとするか考えていない。どうしようと思っていると、

「談秋が辞めたぞ」

と静かな声で談志《イエモト》が云った。それからいつものように用事を云いつける。四人で処理できないものが、一人で満足にできるわけがない。いつも以上に怒鳴られてたが、ちっとも怖くなかった。談秋が辞めたことの方がショックだった。三時になると夕刊の配達時間なので僕は談志《イエモト》の家を出る。

「師匠失礼します」

「夕刊か」

「はい」

外へ出ようとすると談志《イエモト》が玄関まで出てきた。

「談春、お前新聞配って半年たったな」

「はい」

「実家には帰ったのか」

「いえ半年間、一度も戻ってません」

「そうか。もういいだろう。明日、家へ帰ってこい。もう親も認めるだろう。親がお前の入門を認めたら、新聞配達は辞めろ。新聞配るために、学校辞めたわけじゃない。一日でも早く二ツ目になっちまえ。続けたくても辞めてく奴もいる。談秋は面白い奴だったが……。縁がなかったのかな。春だけになったな。御苦労、もう行ってよし」

談志《イエモト》は淋しそうだった。

その晩、談々、関西、僕の三人は談秋に呼び出された。

「でも談秋が、つつじにキンチョールまいた時はホンマ焦ったで。師匠、目が点に

って」

「友達の金魚屋さんにも電話してました。金魚の数が少なくなったから届けてくれ
「そりゃそうや。ネギにまでキンチョール攻撃されたら、師匠が死んでまう」

「あのあと、師匠は庭に植えてあったネギ、こっそり抜いてたよ」

なってたもんな」

「ホンマか」

「はい。電話で怒鳴ってました。猫じゃねェ、弟子だ。弟子が金魚をいじめるんだ。

ウチの金魚は可哀そうなんだ、って」

「やっぱり談秋や」

「番頭さん、金魚どうしたい、いえ、私は食べません、てか」

「それじゃ、猫と金魚ですよ」

「私も悪気はなかったんですが」

「当たり前や、悪気があって水がめにお麩一本入れたなら金魚が気の毒や」

いつものラーメン屋、いつもの生ビールと餃子。談秋との別れの宴《うたげ》であるのにい
つも以上に賑やかだった。

「志の輔兄さんが、仕事で行けないからって一万円くれたよ。今日は派手にやろう。

すいません、紹興酒二本!」

と談々が叫んだ。

「二本、てホンマこのオッサンだきゃ、長生きせえへんで。ヨッシャ、今日はワイも酔うたるねん。談秋、お前も飲めや」

と関西。

「談春、君は飲まないから、春巻でも餃子でも食べて」

「なんやねんそれ。いつもと一緒やないか。談春、もっと豪勢なモン食べ。一品料理、ドカーンといかんかい」

四人でよく食べ、よく飲んで、よくしゃべって、よく笑った。誰も談秋が辞めたことについて触れない。談秋もその話を一切しない。子供の僕はそれが不自然で仕方がなかった。今ならわかる。あの夜、談々も関西も精一杯落語家であり続けようとしてた。たとえ前座でも、それは虫ケラ同然の身分でも、俺達は落語家だった。落語家らしく談秋を送ってやろうと。それが談秋への優しさだと、思っていたのだ。辞める、と決断した者へ、ねぎらいの言葉はいらないのだろう。泣くなら、下宿へ戻って、独りで大声を上げればいい。二十七の男が、脱サラして、覚悟を決めて。その覚悟がたった半年で崩れるなんて、本人が一番信じられないだろう。せめて落語家らしく……。十七の僕にはそれがわからなかった。辞めてゆく奴は、きちんと挨拶をして、残る者はエールを送って。どうしてそんな当たり前のことが、この人達はできないんだろうと独りで、ずっと思っていた。

「皆さん、お世話になりました」

と談秋の一言でお開き、席を立つ。談秋への野辺の送りは終わった。表へ出たら、談秋が近づいてきて、僕にしか聞こえない声で云った。

「談春さん、本当にお世話になりました」

「どうしても辞めちゃうんですか」

今考えれば、本当に馬鹿なことを云ったと思う。だが、あの時は本気で談秋に辞めてほしくないと思い、辞めることもないと思った。談志《イエモト》は云ったんだ、「談秋は面白い奴だった」って。

「談春さん、あなたならやれる。いい落語家になれる。約束してください、絶対いい落語家になるって」

と微笑を浮かべて云うと、僕から離れていった。

あの夜、ラーメン屋で、僕は談秋に何かを託された。その談秋の想いが、何なのか、突き詰める気も、具現しようという気持ちもサラサラない。都合よく思い出して、都合よく美化しているだけなのは間違いないが、談秋のことは忘れない。

立川談秋廃業……。

談志の初稽古、師弟の想い

「坊や、二階へ上がれ」

談志《イエモト》は突然そう云うと、留守番電話にメッセージを吹き込みはじめた。

「談志です。今、弟子に稽古をつけてます。初めての稽古なので電話に出られません。一時間ほどしたら改めて電話をください」

僕を見て、

「そういうことだ」

と云うと二階の和室にドッカと腰を降ろした。

「君も落語家を志すくらいだから、落語のひとつやふたつくらいはできるだろう。どんな根多でもいいから、しゃべってごらん」

と云った。

気が動転するとはこのことで、一遍に頭に血が昇ってゆくのが自分でわかった。高校で落研をつくったくらいだから落語はできるが、そんなものは素人のお座興《ざきょう》で通用するはずがなく、全て無視されて、プロを目指すために基本からみっちり叩き込んでやる、今まで覚えた根多は全て忘れろ、と云うとばかり思っていた談志《イエモト》が、予想に反して、聴いてやるから目の前で演《や》ってみろと云っている。

この予期せぬ状況にどう対処してよいのやらわからなかったが、何か演らないと非常にまずいことになる、ということはわかった。必死で瞬時に何を演ろうか考える。高校では、いつも自分がトリだったから、大根多ばかり演っていた。すぐにできるものは、えーと、芝浜と、品川心中と、黄金餅《こがねもち》と、明烏《あけがらす》と、考えているうちに泣きそうになった。そんな根多を十七才の自分が語ってどうしようというのか、しかも聴かせる相手は立川談志、日本で、一番落語の上手い人なのだから。

「師匠、僕できません」

「何でもいいんだよ。口調を確かめるだけだから。ちょっとだけしゃべってごらん」

談志《イエモト》は笑っていた。

また必死で考える。何かないか、そんなに馬鹿みたいに大きい根多じゃなくて、つっかえずに最後までしゃべれる根多はないかと、真剣に考えていた。

今、思えば笑ってしまう。

高校生の素人落語を立川談志が最後まで、ちゃんと一席聴くはずがない。何でも良かったのだ、コンクールじゃあるまいし。ほんの一、二分で全てわかってしまう人が聴くのだから。だが、十七才の少年に当時、そんな度胸も開き直る心もあるはずがない。

必死で、それほど大きくない根多、人情噺以外の根多を考えた僕は、大山詣《おおやままい》りを演ることにした。って、結局トリ根多なんだけれどね。

「師匠、僕ひとつしか落語できません」

「いいよ」

「本当にこれしかできないんです」

「わかった。怒らないから演ってごらん」

ものすごい優しい笑顔で談志《イエモト》が云う。腹を決めてしゃべりだす。

「お笑いを申し上げます。旅と申しますと只今は観光となりますが、昔は観光を目的とした旅は許されませんでした。皆神信心を建前にしていたそうで……」

「坊や、その部分は君に教わらなくても俺は知っている。根多に入っていいよ」

「はい」

そりゃそうだろうけど、こっちは素人、順番にしゃべっていかないとわかんなくなっちゃうんですよ、師匠。

「皆に集まってもらったのは他じゃないんだがね、今年もまた、お山することになったんだ。ただね、お山時分になると長屋から男っ気がなくなって、カミさん連中から心細くてしようがないという苦情が出てるんだ。そこでだ、今年は誰か一人留守番に残ってもらいたい。熊さん」

「おう」

「お前さん今年は長屋へ残ってくれないか」

「俺がか？　嫌だ」

「おい、それは誰の大山詣りだ？」

「志ん朝師匠です」

「そうか、志ん朝か。小さん師匠のは違うんだがな」

どっひゃーあ！　そうだ、何を自信満々に答えてしまったのだろう。談志の弟子になって、どうして志ん朝師匠の落語をしゃべっているんだろう。顔面蒼白、脂汗タラタラ。でもなァ、談志《イエモト》で覚えた落語は芝浜と黄金餅だけだし……。

「まあ、口調は悪くねェナ。よし小噺《こばなし》を教えてやる。えー、昔から、三ぼうと申しまして、泥棒、つんぼう、けちん坊、この三つの噺をしておりますと、お客様にお差し障りがなくてよいとされております。なるほどその通りで、いくら泥棒の悪口を云ったところで文句を云われる心配はございません。けちな方は寄席へ落語なぞ聴きにおいでになりません」

淡々とした口調で、談志《イエモト》は、三ぼうの小噺をはじめた。けちの小噺をふたつ、泥棒は三つ。聞いて圧倒された。高座とは全く違って、声は一切張らない。ただ、ボソボソしゃべっているだけだ。普段の談志のようなギャグもないのに、笑いをこらえるのがつらくなるほど面白い。正直に云うと、漫談以外でこんなに面白い談志を見たことがなかった。ショックだった。プロってこんなに面白くできるのに、高座では小噺を演る談志なんて一度も見たことがない。一体この人には、いくつ芸の引き出しがあるのだろう。

十分ほどしゃべって、談志《イエモト》は云った。

「ま、こんなもんだ。今演ったものは覚えんでもいい。テープも録《と》ってないしな。今度は、きちんと一席教えてやる。プロとはこういうものだということがわかればそれでいい。よく芸は盗むものだと云うがあれは嘘だ。盗む方にもキャリアが必要なんだ。最初は俺が教えた通り覚えればいい。盗めるようになりゃ一人前だ。時間がかかるんだ。教える方に論理がないからそういういいかげんなことを云うんだ。いいか、落語を語るのに必要なのはリズムとメロディだ。それが基本だ。ま、それをクリアする自信があるなら今でも盗んでかまわんが、自信あるか？」

と云って談志《イエモト》はニヤッと笑って僕を見た。鳥肌が立った。

「それからな、坊やは俺の弟子なんだから、落語は俺のリズムとメロディで覚えろ」

ハイ、すいませんでした。勿論声には出さないが、僕は心の中で頭を下げた。プロの凄さを初めて知った。

三ぼうの稽古から数日後、僕は浮世根問《うきよねどい》という前座噺を教わった。基本中の基本のこの噺は、登場人物が御隠居さんと八っつぁんの二人しかいない。場面転換も少ない。右見て隠居さん、左見て八っつぁんとスラスラしゃべる。これで落語のリズムとメロディを徹底的に覚える。意外に思うかもしれないが、談志《イエモト》の稽古は教わる方にとってはこの上なく親切だ。お辞儀の仕方から、扇子の置き方まで教えてくれる。

「これは談志《オレ》の趣味だがお辞儀は丁寧にしろよ。きちんと頭を下げろ。次に扇子だが、座布団の前に平行に置け。結界と云ってな、扇子より座布団側が芸人、演者の世界、向こう側が観客の世界だ。観客が演者の世界に入ってくることは決して許さないんだ。たとえ前座だってお前はプロだ。観客に勉強させてもらうわけではない。あくまで与える側なんだ。そのくらいのプライドは持て。お辞儀が終わったら、しっかり正面を見据えろ。焦っていきなり話しだすことはない。堂々と見ろ。それができない奴を正面が切れないと云うんだ。正面が切れない芸人にはなるな。客席の最後列の真ん中の上、天井の辺りに目線を置け。キョロキョロする必要はない。マクラの間に左、右と見てゆくにはキャリアが必要なんだ、お前はまだその必要はない。大きな声でしゃべれ。加減がわからないのなら怒鳴れ。怒鳴ってもメロディが崩れないように話せれば立派なもんだ。そうなるまで稽古をしろ。

俺がしゃべった通りに、そっくりそのまま覚えてこい。物真似でかまわん。それができる奴をとりあえず芸の質が良いと云うんだ」

十五分の浮世根問を覚えるのに一か月かかった。正直云うと自分は落語家に向いていないのではないかと悩んだ。本気で辞めようかと思った。十五分の落語一席覚えるのに一か月かかるということは、一時間の芝浜を覚えるにはどれほどの時間がかかるのかを考えたら、怖くなったし、嫌ンなった。

「談春」

「はい」

談志《イエモト》は僕と二人きりの時は、坊やと呼ぶことがほとんどだったが、他に誰かいると必ず談春と呼んだ。仕事帰りのタクシーの中、何故かいつも談志《イエモト》は助手席に乗る。

後部座席には僕とめずらしく志の輔がいた。

「お前、浮世根問覚えたのか」

「はい、覚えました」

「しゃべってみろ」

驚いた。タクシーの中なのにしゃべれと云う。とにかくはじめる。

「落語の中に出てまいりますす人物を申しますと、八っつぁんに熊さん、横丁の御隠居さん。馬鹿で与太郎。人の良いのが甚兵衛《じんべえ》さん、若旦那の徳さん……」

演りづらいことこの上ない。助手席に乗っている談志《イエモト》の後頭部に向かって必死にしゃべってはいるが、不安でたまらない。助けてほしくて横を見るが、志の輔はうつむいて目を閉じている。一番驚いたのは運転手だろう。バックミラー越しにものすごく不安そうな顔で僕を見つめている。やい、運転手、気持ちはわかるが、とりあえず前を向け。僕が一番心細いんだ。

「今日は」

「おや、八っつぁんかい。まあまあお上がり」

「どうも御馳走様です」

「何だい、その御馳走様とは」

「語尾を呑むな！」

談志が大声で怒鳴った。運転手が飛び上がる。

「はい」

「隠居さんは何ですね。毎日そうやって本ばかり読んでますが、本を読むてェと儲かるんですか」

「儲かるということはないが本を読むと世間のことが明るくなる」

「電気やなんかいらなくなる？」

「そうじゃない」

「語尾を呑むなと云ってんだろう‼」

運転手が心の底から迷惑そうな顔をしている。

そのあとは談志《イエモト》は何も云わず黙って聴いていた。横の志の輔は死んじゃったんじゃないかと思うくらい静かに目を閉じてうつむいたままだった。どうにか最後まで演り終えた。と思ってホッとすると、談志《イエモト》が絶叫した。

「よーし。それでいい。よく覚えた。坊や、お前は何も考えなくていい、そのまま、片っ端から落語を覚えていっちまえ！　良い口調だ。今度は道灌《どうかん》を教えてやる」

と云ったあと、

「どうだ、運ちゃん面白かっただろう」

と云ったが、運転手は曖昧に笑うだけだった。

単純と云えば単純だが、天下の立川談志に誉められた十七才の少年の心境を想像してほしい。得意の絶頂である。

必死に稽古して良かった。自慢じゃないが、浮世根問なら、談志《イエモト》がブレスを入れる箇所まで再現できる。この調子だ。事実、談志《イエモト》は云った。お前はそのままでいいと……。僕は落語家として生きてゆける。

後年、酔った談志《イエモト》は云った。

「あのなあ、師匠なんてものは、誉めてやるぐらいしか弟子にしてやれることはないのかもしれん、と思うことがあるんだ」

この言葉にどれほど深い意味があるのか今の僕にはわからないのだが、そうかもしれないと思い当たる節はある。

今までに僕の弟子にしてくれと四人の若者が来た。皆必死で、それこそ眦《まなじり》を決して、涙ぐんで飛び込んできた。こちらもそれに応えようと教えた。誉めることは、ほとんどしなかった。ひとつの課題をクリアすれば、すぐに次の課題を与え、それをクリアできなければ、頑張れと励ましているつもりだったが、第三者にはそうは見えなかったらしい。厳し過ぎるとか、無理だとか仲間に云われた。結果、四人共、涙ぐんで弟子にしてくれと入門を願い、泣きながら辞めさせてくださいと云って去っていった。もう少し上手に誉めてやれば良かったかもしれない。自分を振り返って思えば、あのタクシーの中での師匠の誉め言葉が自信につながった。もっともその自信が、あとで取り返しのつかない驕《おご》りにもつながってゆくのだが。

談志の一日は朝の儀式からはじまる。

起床後すぐに洗面所に飛び込み、しばらくすると家中に響く大きな声で、オエーッ、オエーッと叫びだす。初めて聞いた時驚いて洗面所へ飛び込んで、

「師匠、大丈夫ですか」

と聞いたら、涼しい顔で、

「うん、舌の掃除をしてるんだ」

と答えられて力が抜けた。舌苔《ぜったい》なんていう言葉がまだ一般には知れ渡っていない

頃から、談志《イエモト》は毎日熱心にそれを取っていた。それから歯みがきがはじまる。前歯用、奥歯用、歯間ブラシに糸ようじと十本近くある歯ブラシ全てを歯にあてないと、気持ちが悪い、と云って談志《イエモト》は三十分近くかけて歯をみがく。

「師匠は歯みがきが終わるまでは、お茶の一口でも手をつけることはないから、お茶を入れるタイミングを間違えるなよ。まァ朝の儀式みたいなもんだな」

と教えてくれたのは志の輔兄さん。

歯みがきを終えた談志《イエモト》にお茶を出した。

「いやお茶はいい。二階へ上がれ」

和室へ入ると、

「道灌の稽古をつけてやる」

と云った。その日前座が僕をふくめて四人いたが、

「他の奴等はいい。気にするな。集中しろ」

と談志《イエモト》は道灌を語りはじめた。他の前座が集まって、廊下で正座をして、耳をそばだてている気配がする。居心地が悪かった。

「春、他の前座から聞いたが、師匠、歯みがきのあと、すぐに道灌やってくれたって。そりゃ大したもんだ。期待されてるぞ、頑張れ。期待を裏切るようなことをす

ると、とんでもないことになるから、とにかく頑張れ」
と云ってくれたのも志の輔で、この兄弟子に誉められたことは特別に嬉しかった。芸歴は一年半しか違わないが年はひと回り上の志の輔は、考えてみれば彼が師匠でもおかしくないほど大人で、大人に誉められるということが何より自信につながるほど、僕は子供だったのだろう。それに志の輔は他人を誉めたり、励ましたりするのが上手だった。

道灌をクリアすると、次の稽古は狸だった。

登場人物が、御隠居さんと八っつぁんの二人だけ、スラスラとメロディでしゃべればよかった浮世根問、道灌は第一段階。狸には仕草や動物を演じるための形が入ってくる。なかなか上手くいかなかったが、一日も早く覚えることがやる気の証《あかし》と思い込んだ僕は、セリフを叩き込んで、狸を談志に聴いてもらった。

聴き終わって、談志《イエモト》は頭をかかえ込んで、ウーンとうなったあと、ちょっと待ってくれ、と考え込んでしまった。

とてつもなく長い沈黙と僕は感じた。

「あのな坊や。お前は狸を演じようとして芝居をしている。それは間違っていない。正しい考え方なんだ。だが君はメロディで語ることができていない、不完全なんだ。

それで動き、仕草で演じようとすると、わかりやすく云えば芝居をしようとすると、俺が見ると、見るに堪えないものができあがってしまう。型ができてない者が芝居をすると型なしになる。メチャクチャだ。型がしっかりした奴がオリジナリティを押し出せば型破りになれる。どうだ、わかるか？　難しすぎるか。結論を云えば型をつくるには稽古しかないんだ。狸という根多程度でメロディが崩れるということは稽古不足だ。語りと仕草が不自然でなく一致するように稽古しろ。いいか、俺はお前を否定しているわけではない。進歩は認めてやる。進歩しているからこそ、チェックするポイントが増えるんだ。もう一度、覚えなおしてこい」

現在の自分がこのエピソードを振り返って感じる立川談志の凄さは、次の一点に尽きる。

相手の進歩に合わせながら教える。

掛け算しかできない者に高等数学を教えても意味がないということに、僕は頭ではわかっていても身体が反応しない。教える側がいずれ通る道なのだから今のうちからと伝えることは、教えられる方には決して親切なこととは云いきれない、ということを僕は自分が弟子を持ってみて感じた。混乱するだけなのだ。学ぶ楽しさ、師に誉められる喜びを知ることが第一歩で、気長に待つ、自主性を重んじるなど、お題目はいくらでもつくが、それを実行できる人を名コーチと云うのだろう。

しかし、こっちは教えることが商売じゃない、とも云える。一生かけて、芸人を志す覚悟を本気で持っているなら、それくらいの師のわがままをクリアしてこいと叫ぶ自分もいる。

「先へ、次へと何かをつかもうとする人生を歩まない奴もいる。俺はそれを否定しない。芸人としての姿勢を考えれば正しいとは思わんがな。つつがなく生きる、ということに一生を費やすことを間違いだと誰が云えるんだ」

「やるなと云っても、やる奴はやる。やれと云ったところでやらん奴はやらん」

弟子を集めて談志はよくこう語る。そして最後につけ加える。

「まア、ゆっくり生きろ」

そう云われることに恐怖を感じ、そんなまとめ方で話を終えられる談志《イエモト》に疑問を持った。やらなきゃクビだ、と脅してでも前に進ませるべきではないのか。本当は弟子は皆、上手くなってほしい、売れてほしいと思っているはずで、それが証拠に行動しない弟子達を、

「落語家になった、談志の弟子になれたということで満足している奴等ばかりだ。

俺はライセンス屋じゃねェ」

と云っているのだから。


「談春、三人旅の稽古をつけてやる」

「ありがとうございます」

「二階へ上がれ」

「あの、実は師匠……」

「なんだ」

「僕、風邪ひいてまして、くしゃみが止まらないので……」

「そうか、じゃあ風邪が治ってからゆっくりやるか」

この会話が事実の全てである。

これを読んで他人は僕をどう判断するだろう。くしゃみばかりする僕に向かって兄弟子は、談志《イエモト》に風邪をうつしてはいけないと思い、僕に庭掃除を命じた。寒い日だった。当然風邪は悪化し熱が上がってゆくのがはっきり自覚できた。掃除を終え部屋に上がってゆくなり、冒頭の会話だ。談志《イエモト》に風邪をうつさないことの方が、自分の稽古よりも重要と考えた僕の判断は間違っていないと思ったのだが。

師匠談志にはショックだったらしい。

ここからの行動が、立川談志の立川談志たる所以《ゆえん》。談志《イエモト》は実母に電話をした。

——たった今、弟子に稽古をつけてやるといったら風邪をひいてますと断られた。こんなことは初めての経験だ。無礼にもほどがある。子供にしてはやる気も見えるし、新聞配達までして、親の反対を押しきって修業しているから目をかけていたのに、落語の筋も悪くないと思い、忙しい中、時間をつくってやったのにあろうことか、あの小僧は風邪気味なので、とぬかしやがった。

大変な剣幕だったのよ。まあ、きっと他の事情があったのだろうと思ったけど、うっかりそんなこと云おうもんなら、今度は私が怒鳴られるでしょう。だから黙ってたけど。早く師匠に謝りなさい、と後日お母さんは僕に教えてくれたが、その時はもう手遅れだった。

談志《イエモト》は仕事先の楽屋で誰彼の見境なく、「風邪気味なので稽古は後日」事件の顚末を話す。毎度〳〵のことなので話の無駄は省かれ、全編爆笑のエピソードとなる。

談志師匠のところに稽古を断った談春という前座がいるという噂は、一門のみならず落語界全体にアッという間に広まった。前座仕事で何処の楽屋へ行っても皆から、君が噂の談春さんかいと云われ、なかにはニヤニヤ笑いながら「今日は風邪は大丈夫かい。体は大事にしなよ」なんて嫌味を云う奴まで現れた。そして、ここが談志《イエモト》の徹底したところだが、以来、談志《イエモト》は一切僕に稽古をつけてくれなくなった。だから正しくは談春は談志《イエモト》から、浮世根問、道灌、狸の札、狸の鯉、十徳《じっとく》の五本しか落語を教わっていない。

落語家幼年期にトラウマとなる体験をした僕は、お約束のコースでグレた。博打を覚えた。落語家仲間がよく「談春も博打をやめて落語に精進すれば、良い芸人になる可能性が広がるのに」と云っているると聞くが、以上の経緯からわかる通り、博打をやめようがやめまいが立川談春は変わらない。何故なら落語家暮らしと博打との関わりは全くイコール、シンクロしているから。

「師匠、兄弟子のところへ稽古をつけてもらいに行ってもいいでしょうか」

相変わらず稽古をつけてくれない談志《イエモト》に向かって僕は尋ねた。状況は更に悪化していて、近頃では談志《イエモト》は僕を無視するようにさえなっていた。こっちもヤケで、精一杯の抵抗のつもりで意を決して聞いてみた。前座修業をはじめて一年近く、今考えれば、最初の反抗期を迎えていたのだと思う。談志《イエモト》は僕をジロッと一瞥《いちべつ》した後、低い声で云った。

「放っといたって、やる奴はやる。勝手にすりゃいい」

談四楼《だんしろう》師匠に電話をした。まんじゅうこわいを教えてやると云ってくれた。談志《イエモト》の弟子になったのだから、談志《イエモト》から落語を教わりたい。その想いは変わらない。仕方なくしぶしぶ他所《よそ》に稽古に行くことに決めたが、どうしても納得できなかった。

「談春、談四楼のところに稽古に行ってきたのか」

と談志《イエモト》に聞かれて答えにつまった。どうして僕が談四楼師匠に稽古をつけてもらうことを知っているのか。それはいけないことなのか。何の目的で、何を確かめたくて聞いているのか。瞬時に判断しようと必死に考えてはみたが、答えは出ない。僕はうなだれたまま黙っていた。

「お前、電話しただけで行ってねェだろう」

その通りだった。

「俺に対するヨイショのつもりで頼んだ稽古なら、そんなものやめちまえ」

冷たい声だった。談志《イエモト》を見上げたら、声以上に冷たい目をしていた。正直に書けば、上等じゃねえかと叫びたかった。側にいた兄弟子はその時の僕の目を見て、こいつは師匠を殴ると思ったそうだ。

「今ならまだ戻れる。お前落語家辞めろ。高校を卒業する手段はいくらもある。よく考えてみろ。いいか、これだけはよく覚えておけ、お前は落語家に向いていない」

その当時、これは了見を試されているのだということに考えが及ぶはずがない。こっちは十八才なのだから。今ならわかるが。もう、みんな嫌になった。辞めて済むなら辞めればいいんだ、と一瞬だが本気で考えた。

前座仲間は優しかった。文都《ぶんと》（関西）兄さんは、春《ハル》、辞めたらあかんよと何度も何度も励ましてくれた。ありがたかった。談々兄さんは、師匠はお前の根性を試しているんだ、お前が可愛いから厳しくしているんだと云ってくれたが、酔って呂律《ろれつ》がまわらない口で云うのでちっともありがたくなかった。

下宿で独りで考える。辞めたとして、自分はその後どうなるんだろう。高校中退で、どうやって喰ってゆくのだろう。友達が皆で、頑張れよと云って駅まで送ってくれた家を出る日。友達に向かって、ありがとうございますと云って涙を流していた母親。辞めて、自分は家に戻れるのか。まんじりともできない夜が更けて、夜明け前にふと思い出したのは、辞めていった談秋の言葉だった。

「談春さん、あなたは立派な落語家になってください。あなたならきっとなれる」

何の確約もない言葉でも、人間はすがりつく時がある。すがりつかないと前に進めないことがある。それを、自分は決断したなどと美化した上で、現実をみつめることもなく、逃げ道まできちんと用意してしまう弱さがある。


朝一番で談四楼師匠に電話した。

寝ぼけ声で、何だいこんなに早くと云う談四楼師匠に稽古を頼んだら、じゃあ今日来なよと云ってもらった。まんじゅうこわいと大工調《だいくしら》べを教わった。大工調べなどという大根多を教えてくれたことに驚いたが、嬉しかった。終わったその足で、談志《イエモト》の家に向かい、教わったことを報告した。

「寄合酒《よりあいざけ》という根多は、圓生《えんしょう》、金馬、小勝《こかつ》のものがいい。三人の師匠のを聴いて、落語を再構成してみろ。志の輔が上手にこしらえている」

と云ったあとで、

「もういい。わかった。帰れ」と云った。

首がつながったのかな、と思えた。

青天の霹靂、築地魚河岸修業

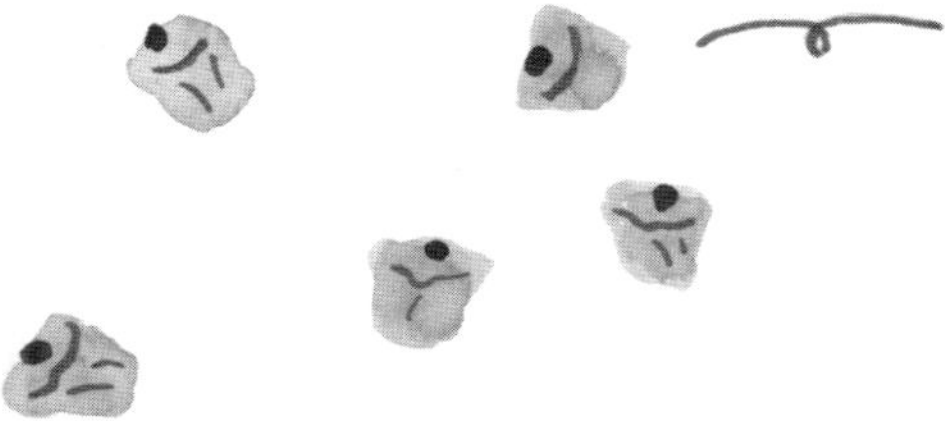

「お前等、礼儀作法から気働きを含め、何から何までダメだ。とても俺は面倒みきれん。お前達の存在が俺にとってマイナスだ。文字助《もじすけ》が一から仕込むと云っているから魚河岸へ行け。みっちり働いて修業してこい。魚河岸はいいぞ。夜明けの風景なんぞ芝浜やる時にきっと役に立つ。まァ、そういうことだ」

青天の霹靂《へきれき》だった。

云われた談々、関西の顔も青ざめている。早速前座緊急会議。

「一体、僕達どうなるんでしょう」

「築地で働くなんて噺家らしくていいじゃない。それに魚がうまいし。新鮮な魚で一杯なんてたまらないね。オジサンは覚悟を決めたよ」

談々はたくましいというか、状況がわかってないというか、とにかく頼りにならないということだけは確かだ。黙りこくって青い顔でビールを飲んでいた関西が、吐き捨てるように云った。

「師匠が行け云うんやから、談志の弟子を続けたいんやったら行かなしゃあないやんか。俺等に自由も選択の余地もないいんやから」

そうだ、そうなのだ。

この世界は前座のうちは虫ケラ同然。個として認められる自由も権利も何ひとつとしてない。悔しきゃ一日も早く二ツ目になれ。そうすりゃ一人前としてあつかってやる。ましてや立川流は二ツ目になるための条件を明確にしてある。古典落語を五十席覚えろ、そのレベルの判断は家元である立川談志が下す。現実に志の輔はその条件を二年弱でクリアした。思いあまって志の輔兄《アニ》さんに相談した。
「お前が入門した時に云ったよな。師匠の期待を裏切ったら大変なことになるぞって。風邪ひいてますの一件で、師匠はお前という人間を思い込んでしまった。どう思い込んだのかは師匠にしかわからないが、築地行きを拒否して僕はその分まで修業を頑張りますから側に置いてくださいと云える状況ではない、というのが現実だと俺は思う。関西が云う通り、師匠が行けと云うのだから行くしかないだろう。河岸での修業はつらいだろうが、つらい分だけやる気をみせるチャンスは多いと思えないか。朝早く起きて働いたあとで、師匠の仕事場に向かって前座仕事を一所懸命やる。師匠は必ずお前を見てる。わかってくれる人だ。一度思い込んでしまったら評価をなかなか変えないことが多い人だが、築地に行くことで、お前についた悪い印象を挽回する機会に恵まれたと考えて頑張れよ。あとは文字助師匠次第だな」

そう、問題は桂文字助師匠だ。

名人八代目桂文楽の弟子で桂右女助《うめすけ》、後に三升家《みますや》小勝を襲名《しゅうめい》する。センスあふれる新作で若い頃から売れっ子になり、俗に蒲田の師匠と呼ばれた。落語家も所名《ところな》を持てば、一流の証とされる。桂文楽は有名な黒門町《くろもんちょう》、志ん生は日暮里、小さんは目白、圓生は柏木。志ん朝師匠と呼ぶ者は楽屋では皆無に近く、ほとんどが矢来町と呼ぶという。小勝師匠は弟子に対して、しつけは特に厳しかったという。そんな師匠の元で三年間みっちり住み込みの内弟子を務めたことは文字助師匠の自慢のひとつで、確かにそれは仲間内では皆を納得させる勲章だった。小勝師匠没後、談志一門へと移る。落語家は自分の師匠が亡くなった場合、真打は別として、前座、二ツ目は次の自分の師匠を持たなければならない。談志《イエモト》から直に、お前、ウチの身内になるかと云われた時、文字助師匠は天にも昇る気持ちだったという。

問題がひとつだけあった。その当時、談志の総領《そうりょう》弟子は立川談十郎、現土橋亭里《どきょうてい り》う馬《ば》。その里う馬師匠より古株の文字助師匠を預かるということになれば、必然的に談志の総領は文字助ということになる。まだほとんどが前座ばかりの若き一門を集めて談志《イエモト》が云った。「文字助を預かろうかと思うが、お前らの本意を確かめたい。無記名でいいから、賛成のものは○、反対のものは×を書け」と。

投票の結果、全員が○。後に談志《イエモト》は文字助に向かって云った。

「あの時な、多数決じゃなくて、一人でも×がいたらお前は預からないと思っていたんだ」

「だからな、文字助《オレ》は里う馬はじめ、みんなに恩義があるんだ。文字助《オレ》にとっては大事な兄弟、立川流に文句をつける奴がいたらタダではおかねえ。いつでも体は張ってやる」

その言葉通り文字助師匠は激情型だ。

前座全員が築地の河岸へ修業に行くことになったのも、きっかけは談志《イエモト》が僕達にサジを投げたところにあったらしい。あんな奴等とはとても一緒にはいられない、いっそのこと全員クビにしようかと思うとグチる談志《イエモト》に、待ったをかけたのは文字助師匠だった。

「師匠、そいつはいけません。折角縁あって師匠の元に集まった若い衆なんですから。どうでしょう、あいつらを河岸で修業させやしょう。築地で鍛えれば、立ち居振る舞い、気働き、どれも師匠のお気に召すような兵隊をこしらえます。わっちにまかせておくんなさい」

文字助師匠が〝わっち〟と云い出したら、たとえ談志《イエモト》でも、もう止められない。

「わかった。文字助お前にまかせる」

「へい、合点だ」

事の真相はどうもそういうことらしい。ただし、談志《イエモト》はそのあとで、
「兵隊って、俺は何も鉄砲玉をつくれって頼んだわけじゃねェんだけどナ。文字助に教えられるんじゃ前座達も大変だ」

とつぶやいたらしい。してみれば文字助師匠は、前座達のクビを師匠談志に思いとどまらせてくれた大恩人となるのだが、僕達はそんなことは全く知らない。

「ケンカ文字助」の異名をとる文字助師匠の短気は、はっきり云えば異常だ。小柄ですばしっこい。噂によれば本当はそれほどケンカは強くないらしいが、相手がどんなに強いケンカのプロだろうと臆することはないし、ためらわない。むしろ好んでそういう連中にカラみたがる。勿論酔った上での話だが。あっさりと恋も命もあきらめる江戸育ちほど悲しきはなし、という生き方にこよなく憧れを持っているから、「殺《や》れるもんなら殺ってみろ」と立ち向かってゆく。相手も殺るのは簡単だが、あとのペナルティの重さを考えると馬鹿〳〵しいのでほどのよいところで手を打つ。その筋のプロが見れば、度胸とハッタリがまぜこぜになった一種のブラフと読み切るが、堅気《かたぎ》にその区別はつかない。結果、文字助には逆らっちゃいけない、あの人を怒らせると怖いよ、とんでもないことになるよ、となる。当人はそんな風評を誇

りに感じているところさえあって、そんなこんなで、今日も文字助師匠は伝説をつくるために飲み歩く毎日。ましてや僕を預かるといった頃は気力充実の四十目前。一門の真打達は、「兄《あん》ちゃん達、文字助兄さんのところで修業するんだって、大変だねェ」とニヤニヤ笑うばかり。


魚河岸と文字助師匠の関わりも書いておかねばならない。

文字助師匠が、地元の寿司屋の大将と懇意《こんい》になったと書けば大げさで、要は文字助師匠がなついちゃった。文字助師匠の云い草がふるっている。

「俺がカウンターに座るだろ。すると何も云わずにツマミが出てくる。それを肴《さかな》に一杯やるというわけだ。あとは〝師匠看板だよ〟って云われたら、あいよって帰ってくる。勘定取らねェんだからこんな結構なことはない」

僕は大将に同情する。

「祭り好き、ケンカ好き、落語好き。大将と俺が話が合わないわけねェやナ。魚河岸に一緒に出かけるうちに色んな人を紹介してもらってな。河岸の人間が俺の気性に惚れ込んじまった。後援会をつくってくれて、今日を迎えるというわけだ。噺家《はなしか》と魚河岸っていうのはまさにピッタリだ。河岸だけは誰にも渡さねェ。俺の縄張りだ」

　後に文字助後援会長夫婦に尋ねた。文字助師匠の云っていることは本当ですか。

「違うわよォ。師匠が勝手に毎日来るのよ。縁がないわけじゃないんだろうから、それじゃあみんなで応援しようってことになったのよォ」

とおカミさんは豪快に笑った。

「春《ハル》ちゃん。文字助は口調はしっかりしているし、芸の骨格も正しい。学ぶべき点はたくさんある。しかしそれは芸の話で、私生活は一切参考にしなくてよろしい」

　と後援会長は静かに、はっきりと云い切った。


「談春か、四月一日の朝六時、築地場外の菅商店という店に行け。勿論働ける格好をしてゆくんだぞ」

　文字助師匠の電話。全く土地勘のない僕が、店の名前だけで探せるものなのか。築地場外ってそんなに狭いところなのか。覚悟はしていたが六時集合ということは四時半起床だな。もう、どうとでもなれと開き直って前夜布団に入った。開き直ったつもりだった。が、目が冴えて眠れない。

まず第一に、一体いつまで築地での修業は続くのだろう。誰も教えてはくれない。何の課題をどうクリアすれば談志の元へ戻れるのだろう。六時集合はいいが、一日何時間働くのだろう。そもそも菅商店とは何を商う店なのだろう。そこで自分は何をするのだろう。そして、まさかとは思うのだが、俺は談志から文字助に弟子として預けられたわけではないんだろうな。十八才の終わりの春、不安などという生やさしい言葉では表すことのできない苦悩をかかえた談春少年の枕元には、とりあえず用意したピカピカの長靴が光っていた。


人間、元気があれば何でもできる。猪木が叫ぶ何十年も前から僕は知っていた。色々な人に、色々なところで尋ね歩いた。菅商店にたどりついたのは六時半だった。店先に山と積まれていたのは、なんとシューマイと餃子。僕は我が目を疑った。ヤケクソで怒鳴った。

「おはようございます。遅くなりました。今日からお世話になります。談春と申します。よろしくお願いします」

ジロッと僕を見たのはレジの前に座っている女性。

「初日から遅刻たァ、いい度胸だね。お父さん、お父さーん、文字助師匠の弟子が来たよ」

　のっけからの一言で本当に死にたくなった。僕は談志の弟子で文字助の弟子じゃない。

「おっ、来たな。遅刻はダメだぞ。何、場所を教わっていない？　ハッハ、文字助らしいや。それじゃわかんないな。もう一人来るはずなんだが、そいつも迷っているのかな。確か、カンサイとかいう奴らしいが……」

「関西です。大阪から談志の弟子になるために上京して来たんです。全く土地勘がないんで迷っているんだと思います」

「関西でも九州でもどうでもいいよ、そんなことァ。ウチは預かりたくて預かるわけじゃないいんだからね」

　白髪交じりで温厚そうな旦那とは対照的に、おカミさんは口調も気性も江戸っ子の典型のような人で、おきゃんを絵に描いたようだった、というのは心根のわかった後々のこと。会話からわかる通り第一印象は最悪で正直に書けば、このババァぶん殴って、落語家辞めてやろうかと本気で思った。

「ハルちゃん。ハル！　お前のことだよ。ダンシュンだから、ハルちゃんでいいだろう。お前自転車乗れるかい」

「新聞配達していたから自信あります」

「新聞配られたってしようがないんだよ。場外駐車場まで配達に行っといで。白のライトバンでナンバーは××‐××だよ。荷物はその段ボール。モタモタしないで行ってきな」

何が何だかわからないが、店にいたくなくて表へ出た。あとから旦那が追いかけてきて、これ持ってけと駐車場までの道のりと築地の場内と場外の地図をくれた。ありがたい。

配達を終えて帰ってきたら関西がいた。

「兄さん、どうしたんですか」

「スマン、スマン。わい、何処が何処やらさっぱりわからんかったんや」

「そうでしょうねェ」

「談春、あのおカミさん、どないなっとんねん」

「僕もびっくりしました」

「びっくり云うたら、この店がいちばんびっくりや。築地ってサカナ売っているところやないんか。なんやねん。あのシューマイと餃子の山。粋のイの字もないやないか」

僕は思わず吹きだしてしまった。

「関西！　ボヤッとしてるんじゃないよ。お客さんがおいでじゃないか。ハル、お前は配達だよ。場内の茶屋にジャンボシューマイ三百個届けておいで。自由が丘のトトやさんの荷物ですって云えばわかるから。間違えるんじゃないよ」

このおカミさんの凄いのは、物事の説明を一切しない点だ。場内だの、茶屋だの、何が何だかさっぱりわからないが、とにかく行ってこいの一点張り。仕方ないから他人に尋ねる。そこでコミュニケーションができる。コミュニケーションをとるための礼儀も必要だし、自然と訓練になる。一回〳〵、必死で覚えようとしなければ困るのは自分だ。立派だと思う一番の点は、初日からこのペースで働かされれば、ケツを割る人間は二日目からもう来ないだろう。相手の了見をみるのにこんなわかりやすい方法はない。〝一所懸命頑張ります〟などと上っ面で云っている暇があるならまず働け、ダメだと思うなら辞めてもらって結構、辛抱なんかする必要はない。どの道人間生きていくためには、苦労、辛抱はつきものだが、我慢できる苦労とできない苦労がある。同じ苦労なら我慢できる苦労を選びなさいってことだ。

アッという間に時間が過ぎて、十一時近くになった。

菅商店にはふたつのピーク時がある。最初が八時から九時過ぎまで。ランチをやる店と混む前に仕入れを済まそうとする一団の集中する時間帯。十時から十一時過ぎまでは、夜から営業するお店の人達の混み合う時間。深夜まで働いているから九時起床で河岸に来るのは十時を過ぎる。一般の主婦が築地見物の帰りに場外へ流れてくるのが十二時過ぎで、これは大した混みようにはならないし、菅商店ではめぼしいものはあらかた売り切れている。

ピークの過ぎた十一時過ぎに桂文字助登場。旦那に向かって深々と一礼。その仰々《ぎょうぎょう》しい姿が礼儀を重んじる文字助師匠らしくておかしい。

「菅の旦那、今度はこの野郎達がお世話になります。お約束通り一年間みっちり修業させてやってください。おい、おめえ達も一緒にお願い申し上げろ」

関西と二人で頭を下げたものの、こんな暮らしが一年間も続くのかと思ったら嫌ンなった。

「冗談じゃないよ文字助師匠。この子達、初日から二人揃って遅刻だよ。お世話なんかしたくないよ」

とおカミさん。

「なんですって！　この大馬鹿野郎共め！　大事な初日から遅刻するとは何事だ！　この大べらぼう奴《め》！　おカミさん、こいつらにはきつくわっちから云って聞かせやすから、今回だけは大目に見ていただいて。こらっ手前達、一緒にお詫びをしねェか」

嫌だ、もう嫌だ。文字助師匠の大芝居に付き合わなければならない状況にいる自分が嫌になった。修業とは矛盾に耐えることだ、と入門当初談志《イエモト》に云われたことが蘇った。

ニヤニヤ笑って聞いていた旦那が云った。

「まァいいよ。とにかく一年間お預かりします。約束通り給金は月五万円」

「旦那、修業に給金などございません」

「ならウチは預かれないよ。働いてもらうんだから当然です。本当なら五万円は安いんだけど、談志師匠が納得したのが五万円だから仕方ない。二人共頑張ってな」

へえ、そんな細かい話まで談志《イエモト》としていたんだと思ったら、横で文字助師匠が、カアーとのどを鳴らしている。どうしたのかと思ったら、大仰《おおぎょう》に手で涙をぬぐう真似をして、

「ありがてェ、ありがてェよォ。手前達、旦那の御恩《ごおん》にむくいていい芸人に、なるんだゾォ」

と云った。あんまり馬鹿〲しいので吹きだしたら、

「手前は一体、何がおかしいんだ」

と文字助師匠に怖い顔でにらまれたので、僕は必死に笑いをこらえた。

「さあ十二時過ぎた。そろそろ店を閉めようか」

と旦那が云った。そうなのか、こんなに早く店は終わるんだ。朝は早いけど、自由な時間も結構つくれるんだな。関西もイキイキと仕舞い仕度に取りかかる。

「ひとい、ひとい、ふたい、ふたい、みっせー、みっせー……」

旦那が歌いながら残ったシューマイの数を数えだした。どこかで聞いたことがある唄だと思ったら、談志《イエモト》の芝浜の中で魚屋の勝公が、拾ってきた金を勘定する時に歌う唄だ。

「築地でも今正しく歌えるのは菅の旦那ぐらいしかいねェんじゃねェか」

と文字助師匠がつぶやいた。初めて築地と落語の接点が持てた。この修業をやり抜くしかないんだと覚悟を決めた。

「ハル、配達だよ。芝の大門までエビシューマイ千二百個届けておいで」

「誰が行くんですか」

「お前耳がついてないのかい。今云っただろう。お前がエビシューマイを千二百個、自転車に積んで、芝の大門まで届けるんだよ」

「どうしても」

「ひっぱたくよ」

「タクシーにしましょう」

「千二百個ものシューマイなんかタクシーが乗せてくれるかい」

タクシーが乗せないものを、どうして自転車で運ぶのか、おカミさんはそれがわかっていない。築地で働きだして半年あまり。あらかたの仕事は覚えたが、芝なんていう遠くまでの配達は初めてだ。その上エビシューマイ千二百個なら重さだけでも大変だ。段ボール三箱分、自転車の荷台に乗せたら重みでハンドルが左右にブレた。そうーっとそうーっと走り出す。朝日新聞社の前を通って新橋を抜けて。車の交通量も半端ではない。浜松町から大門へ。目的地が見えてきたと思ったら、路地から子供の自転車が飛び出してきた。急ブレーキ、衝突は避けたが、一番上の段ボールが道路に落っこちた。百個ほどのエビシューマイが散らばった。僕は何のためらいもなく、ひとつひとつについた砂利《じゃり》を丁寧に手で払って段ボールに入れ直して先様《さきさま》に届けた。そして、そのまま店に戻ってきちゃった。

「ハル！　お前シューマイに何した」

いきなりおカミさんが怒鳴った。

「何もしてませんよ」

「嘘つけ、シューマイを口に入れたらザラザラするって苦情が来て、今お父さんが謝りに行ってるんだよ」

「ザラザラ？」

「そうだよ。ジャリジャリするとも云っていた」

「そうですか。今日のエビシューマイはちょっぴりスパイシーだったんだ」

「このバカッ！」

帰ってきた旦那は、初めてみる怖い顔で僕をにらんだ。店が終わったあと旦那に呼ばれた。横におカミさんが座っている。

「ハルちゃん。どんな理由があるにせよ、今日のことはお店の信用にかかわる問題だ。文字助にも報告する」

文字助と呼び捨てにしたところに、旦那の決意が表れている。思い出した。文字助師匠が云っていた。

「菅の旦那だけは失敗《しくじ》るなよ。あの人が怒ったら手がつけられねェ。築地でもあの人は本当に怖《お》っかねェんだ。まァ、つまらねェことで怒るような人じゃねェけどナ」

　とりつくしまがないと覚悟した。

「ねェ、お父さん、ハルを許してあげて」

　なんとおカミさんが、かばってくれた。

「ダメだ。ウチは食べ物をあつかう商売だ。今回は大事《おおごと》にならずに済んだが、これだけはどうしてもダメだ」

　おカミさんが旦那に向き直って、深々と頭を下げた。ビックリした。

「お父さん、文字助師匠が知れば談志師匠にも伝わるわ。文字助師匠の気性ならきっとハルをクビにすると云う。この子、本当に破門になっちゃうわ。頑張っているのに可哀そうよ。今度のことは頼んだ私も悪かった。ハルちゃん一人のせいじゃない。この通りです。ハルちゃんを許してあげて」

　ともう一度お辞儀をしてくれた。

　一緒に僕も頭を下げた。

「ハルちゃん。ウチのに御礼云いなよ」

　と云って旦那は座を立った。

「ありがとうございました」

とおカミさんに云ったら笑いながら、

「お前なんか落語家以外に務まらないだろうからね」

と云った。

これが有名なスパイシー事件と云う、って何処で有名なんだか自分でもよくわからん。


「俺はあの野郎だけは許せねえ。必ずクビにしてやる。手前らもそのつもりで野郎をイビリ抜け！」

文字助師匠は激怒していた。

「家元のところに今度、志らくという弟子が入ったんだ」

知ってる。まだ会ったことはなかったが、久々に談志《イエモト》のところへ訪ねた時に云われた。「新しい弟子が入ってくるぞ。大学出の奴だ。お前もモタモタしていると抜かれるぞ。早く河岸をクリアしてこい」と。

「家元がな、今度の奴も礼儀がなってないから文字助頼むと云われたんだ。まかしてくださいとその気で河岸にも話をしたら、改めて家元から電話があってな……」

事の顚末《てんまつ》は、僕には信じられないものだった。どうしても確かめたくて談志《イエモト》の元へ出向いた。談志《イエモト》は上機嫌だった。考えてみると、河岸で修業するようになってから楽屋でも気が利くようになったと、評判が良くなった。自分では気づかなくとも、僕は一人前の前座に近づいていたらしい。妙な表現だが。

「何だ、何の用だ」

と笑顔で迎えてくれた談志《イエモト》。

「おかげさまで河岸の修業も、もう少しで一年たちます。満期です。また一からよろしくお願い致します」

「そうか、わかった。奥で弟子が働いてるだろ。志らくってんだ。何も満足にできないから、河岸へ行って修業してこいって云ったら、野郎、嫌ですって云いやがンだ。じゃあクビだって云ったら、クビも嫌ですとよ。両方嫌じゃしようがねェよナ。それじゃウチに入るかと聞いたら、はいって涼しい顔してやがる。変な奴だぞ」

力が抜けた。文字助師匠が云ったことは本当だった。築地の修業は嫌です、というたった一言で許されてしまう程度のことなのか。河岸で歯を喰いしばった僕達は、一体何だったんだろう。

談志に対して怒ればいいのか、志らくという新しい弟子に対して腹を立てればいいのか、それすら自分で判断がつきかねていた。

「師匠、志らくと話してきます」

「おう。おい談春」

「はい」

「お前一年間回り道したんだから、帰って来たら早く落語を五十覚えて二ツ目になっちまえよ。それから志らくに色々教えてやってくれ」

嬉しいような、くすぐったいような、でも心の芯には、はっきり割り切れない部分が残っている妙な気持ちで、初めて志らくに会う。目のクリッとした、童顔の男だった。

「お、お、おはようございます」

第一声から志らくはオドオドしていた。

「おはよう。僕は談春。よろしくね」

「志らくです。よろしくお願いします」

「早速だけど、築地行き断ったんだって」

「はい」

「どうして」

「私は河岸に行くために落語家になったわけじゃありませんから」

血が逆流した。

「でも、師匠に行かなきゃ破門だって云われたんだろう。それも断ったんだ」

「だって破門も嫌ですから」

「いい度胸だな」

「私は、自分のしたくないことは、絶対にしたくないんです。師匠はわかってくれました」

僕は自分の全てが否定されたような気がした。


一年の修業を終えて築地を去る日が来た。

「お前達、本当によく頑張った。いい芸人になるんだよ」

と旦那。おカミさんは通帳と判子を放ってよこした。

「文字助師匠は月五万でいいと云ったけど、そういうわけにもいかないから残りは貯めておいたよ。お礼なら旦那に云いな。大事に使うんだよ」

とおカミさん。中を見たら五十万入っていた。

「ハルちゃん」

とおカミさんは真っすぐに僕を見つめ直して云った。

「志らくとかいうのだけには負けるんじゃないよ。河岸は嫌ですって云ったっていうじゃないか。そんなのに後《おく》れをとったら、あたしゃ許さないからね」

「勿論、そのつもりです」

「その意気だよ。しっかりおやり」

その当時、僕にとって憎悪の対象でしかなかった志らくと一緒に、前座修業をする。自分でもどんな出来事が待っているのか想像がつかなかった。

己の嫉妬と一門の元旦

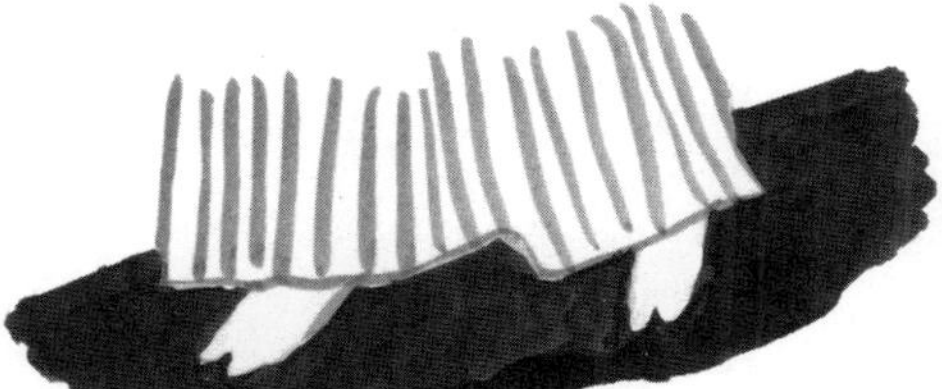

焼きもちは遠火に焼けよ
　焼く人の胸も焦がさず味わいもよし
なんと申しますが、なかなかそううまくはいきません。大概《たいがい》は裏表の区別がつかないくらい真っ黒にお焼きあそばす方が多いようで。焼きもち、悋気《りんき》となりますと御婦人の専売のように云われますが、そんなことはございません。殿方も焼きますな。ただし呼び名が変わります。嫉妬てンだそうで、言葉が難しくなるから立派かてェとそんなことはない。かえって性質が暗くなります。暗く根が深くなる分だけ始末に悪い。昔から男の焼きもち焼きとおしゃべりにはロクな者がいないと相場が決まっております。噺家なぞは両方兼ね備えている連中が多いようで……。

落語のマクラ同様、談春《ボク》は志らくという新弟子に嫉妬していた。

「あのな、今度来た志らくは変な奴だぞ。毎晩俺の夢に出てくるんだ。夢の中で何をするというわけじゃねェんだが、立ってやがるんだ。今日で四日目だ。あいつ夢に出てきて俺に復讐してやがんだな。こんな弟子は初めてだ」

談志理論《イエモト》でいくと現実では気にもとめない存在が夢に出てくるということは、相手が夢を使って復讐していることになるんだそうだ。

「それが証拠にな、時々落語協会の連中や寄席の夢を見るんだ。俺が寄席に行くだろ、と俺の出番が浅いんだ。二ツ目の次くらいの出番でな、協会の馬鹿共が楽屋でふんぞり返ってやがンだ。馬鹿〳〵しくて、あきれかえって屁も出ねェ。仮にだ、俺に寄席に対する郷愁があったにしても、それが夢を通して表れたとしてもだ、なんでそこで俺が馬鹿共に頭を下げてんだ。現実にはありえんことだろ。現実にないことをみるのが夢と仮定しても納得できん。突き詰めて考えた結果が、あの馬鹿共の願望が俺の夢を通じて起きているとしか思えん。自分が行動を起こしても状況を改善できんとなったら、人間は夢を使ってまでも復讐してきやがる。覚えておけ、弱者は夢でバランスを取ってくる」

談志《イエモト》の考えが正か否かはこの際どうでもよい。問題は、志らくは談志《イエモト》の夢に四日続けて出て、談春《ボク》はただの一度も出て来ないという事実だ。

「志らくはな、放送作家の高田文夫が家へ連れて来た。大学の後輩なんだそうだ。高田の野郎が、談志師匠こいつ面白いんです、弟子にしてやってくださいとよ。高田がそう云うくらいだから、現代を語りたいんだろうと俺は判断した。道灌を教えたら三日で覚えてきやがった。演らせてみたら全編自分が作ったギャグを入れてきた。俺が、お前は談志《オレ》になりたいのか、それとも三平さんになりたいのかと尋ねたら、勿論談志《ししょう》ですと云うから、だったら普通に覚えてこいと云った。そしたら次の日に覚えましたから聴いてくださいだとよ。聴いてみたら三代目金馬師匠の口調をコピーして、きっちり一席しゃべりやがった。変な奴だぞ」

嬉しそうに談志《イエモト》は色々な人に話す。談志《イエモト》の周りの人間の間に〝志らく〟という名前がものすごいスピードで浸透してゆく。

「志の輔が出て、志らくは筋が良くて、談志師匠、立川流つくってやっぱり成功だったじゃない」

ヨイショのつもりなんだろう。談志《イエモト》の友人達が馴染《なじ》みの酒場で談志《イエモト》に向かって話しかける。オイ、志の輔に志らくって、間にいる談春《オレ》はどうなるんだ、なんだと思ってるんだと叫びそうになった。


談春《ボク》と志らくには一年半のキャリアの差があった。落語界ではこの差は大きい。決して同期と呼べるような間柄ではない。志の輔兄さんは談春《ボク》より一年半先輩、年齢は談春《ボク》よりひと回り上で同じ午年。志らくは談春《ボク》より三才年上だった。志らくは落語を覚えるスピードが速かった。談春《ボク》は二年で二十四本、月に一本ペースなのを、志らくは週一本のペースで覚えてきた。半年で追いつかれた。このままでは談春《ボク》より志らくの方が先に二ツ目になってしまう。立川流は古典落語なら五十本覚えることが二ツ目になる絶対条件で、年功は全く関係がない。

それまでの談春《ボク》は、前座の中では優等生ではないが及第生ではあった。関西は、談志《イエモト》から教わった江戸落語を一から大阪弁に直して覚えるので、仕上げるのに大変な時間がかかる。談々は、志ん生をこよなく愛し生活自体を志ん生に近づけようと毎日酒ばかり飲んでいた。そうして自分の好きな志ん生根多を好きなように覚え語ることが本命で、二ツ目レース自体に参加する気がない。だから談春《ボク》は志らくが入門してくるまでは、二人を抜いて自分が先に二ツ目になるものと思っていた。それが一瞬にして代わった。尻に火がついた。切羽詰まってきた。

「談志《イエモト》、たらちねを覚えました。聴いてください」

「誰のたらちねで覚えたんだ」

「談志《イエモト》のたらちねです」

「馬鹿、俺がたらちねなんかやるはずがねえだろう」

「でも、紀伊國屋の独演会のテープがあって、覚えたのですが……」

「だからお前はダメなんだ。何でもかんでも俺で覚えることはねェんだ。たらちねは俺の売り物じゃない。圓生師匠で覚えるんだ。努力の方向性が違う。一言で云えばセンスがない」

続けて談志《イエモト》は云った。

「志らく、お前は今何を覚えているんだ」

「堀の内です」

「誰のテープだ」

「円遊師匠と円蔵師匠です」

「うん。お前はわかってるな。少しは談春に教えてやれ」

「……」

さすがに志らくは返事をしなかった。

改めて、談志《イエモト》は談春《ボク》を見て云った。

「俺は忙しい。昔ならともかく今は覚えるための教材も機械もたくさんある。だから下手な先輩に教わる必要はないんだ。名人のテープで覚えちまえばいい。覚えたものを俺が聴いてやる。直してやる。口伝を否定はしないが、教える側の都合にお前達の情熱を合わせる必要はないんだ。恵まれた時代なんだ。俺も小さん師匠からは四つしか教わっていない。教えてもらえないから前に進めないなんて、甘ったれるな。根多によって替わるサンプルがわからないのなら、志らくに教われ」

　一寸の虫にも五分の魂と云う。談春《ボク》にとって談志《イエモト》の言葉はショックだった。「志らくに教われ」とまで云われた。

「ホンマ腹立つわ。志らくは前座仕事は何もでけへんで。この間なんか袴《はかま》がたためんであいつモタモタしてたろ。談志《イエモト》がイライラして、早くしろ！　丸めときゃいいんだからって云ったら、あいつホンマに丸めとんねん。アホやろ。手前、何やってんだ！　関西何してんだ。志らくになんかさせるんじゃねえ！　お前がやれ、やて。あとで談志《イエモト》から、ちゃんと志らくに教えとけって、ワイが大目玉や。なんやねんこれ」

「僕もこの間、談志《イエモト》の下着を出そうとカバンを開けたら、シャツやパンツがお団子みたいに丸く固まって出てきて驚きました」

「そうやろ。落語かてそうや。志らくがな、談志《イエモト》の前で、堀の内聴いてくれって演ったんや。あいつ満足にでけへんねん。緊張してカミまくっとんねん。ひとつひと

に出かけないねん。どんな堀の内やと思うてたら、談志《イエモト》が、堀の内に出かけられる
ようになったらまた聴いてやる、やて。ホンマ、アホらしいわ。あとでワイが志ら
くに、キミは少しドモるんか、ちゅうたらアイツ真顔で、違います、ただ僕は緊張
するとつっかえてうまくしゃべれないんです、なんて云うんや。そういうのを世間
でドモリ云うねんで。そうやろ」
「まァまァ、何にしても前座仕事はチームワークだからさ。そんなに腹を立てない
で。志らくも一所懸命なんだから」
「何云うてまんの談々兄さん。兄さんがしっかりしてくれへんからあかんのでっせ。
兄さんは前座チームのキャプテンなんやから。ホンマどう思ってますのん」
「いや俺は監督を目指してるんだ」
「アホなことを。監督は談志《イエモト》でっせ」
「よし、俺はプレイングマネージャーを目指すよ」
「エエかげんにせえ！」
　いつものラーメン屋、いつものビールと餃子。カウンターの奥で親父がゲラゲラ
笑ってる。それじゃ明日と別れたが、問題は何ひとつ解決していない。

部屋に帰ってひとつだけ決めた。心の隅でずっと考えていたことだった。

　志らくと友達になろう。

　志らくという男は人付き合いが下手で、前座仲間と集まっても自分から口を開くことはない。どちらかと云えば陰気だ。チームワークもバランスも全く気にしない。僕達からすればそこが余計にカチンと来る。しかし、談志《イエモト》は談春《ボク》に「志らくに教われ」とまで云うのだから、少なくとも現在は談春《ボク》より秀《ひい》でている部分が多いのだろう。だったら利用してやろう。兄弟子だの先輩だのと云ってる場合ではない。このままの状態で芸人として志らくとケンカすれば、談春《ボク》は負ける。そう思いたくはないが、師である立川談志は、はっきりそう云っている。

「負けるケンカはするな」が我が家の家訓で、それは相手から逃げるという意味ではない。勝てる、最低でも五分の戦いができるようになるまでは相手を観察し、研究する。そのためには格好つけてる暇はない。至近距離まで飛び込んでみよう。志らくはどこが長所で、談春《ボク》に足りないものは何なのか。志らくの短所はどこで、どう切り込めば勝てるのか。弟弟子に向かって使う言葉ではないが、面従腹背《めんじゅうふくはい》でよい。同じ談志の弟子で同世代、キャリアも同じくらいなら、いつかはきっと勝負する時が来る。その時勝つために、前座時代の今は歯を喰いしばってでも志らくという男を知っておこう。

翌日、談春《ボク》は談志《イエモト》と書斎で二人きりになった。突然談志《イエモト》が、

「お前に嫉妬とは何かを教えてやる」

と云った。

「己が努力、行動を起こさずに対象となる人間の弱味を口であげつらって、自分のレベルまで下げる行為、これを嫉妬と云うんです。一緒になって同意してくれる仲間がいれば更に自分は安定する。本来なら相手に並び、抜くための行動、生活を送ればそれで解決するんだ。しかし人間はなかなかそれができない。嫉妬している方が楽だからな。芸人なんぞそういう輩《やから》の固まりみたいなもんだ。だがそんなことで状況は何も変わらない。よく覚えとけ。現実は正解なんだ。時代が悪いの、世の中がおかしいと云ったところで仕方ない。現実は事実だ。そして現状を理解、分析してみろ。そこにはきっと、何故そうなったかという原因があるんだ。現状を認識して把握したら処理すりゃいいんだ。その行動を起こせない奴を俺の基準で馬鹿と云う」

志らくとつるむようになった。

付き合ってみて驚いたのは、彼の落語に対する愛情の深さだ。

「僕は金原亭馬生《きんげんていばしょう》師匠が好きなんです。大学の国文学の教授がキンバラテイマウって読んで馬鹿〳〵しくなって大学辞めました」

「本当は馬生《ばしょう》の弟子になりたかったんですが、亡くなってしまいました。その夜、池袋演芸場に行ったら談志《イエモト》が出ていて馬生師匠の思い出を語ってくれて、それが素晴らしかったんです。勿論落語も凄いですし、弟子になるならこの人しかいないと思いました」

「僕の夢は、そんなにお客の入っていない寄席の昼席でボソボソ落語をしゃべることなんです」

それにしちゃ現実にやってることが違う。

「僕を談志《イエモト》に紹介してくれたのが高田文夫先生で、そのせいもあって、談志《イエモト》は僕を落語に現代のギャグをたくさん入れてしゃべりたい奴と判断したようなんです。だったらそれに向かって必死に演るしかない。談志《イエモト》を失敗《しくじ》るのだけは嫌ですから。僕は一日もはやく二ツ目にならなきゃならないんです」

志らくには学生結婚した女房《カミ》さんがいた。女房さんは、あまり体が丈夫でなく外へ働きに出ることができない。二人で喰ってゆくためにも、女房さんに余計な心配をかけないためにも、二ツ目になって稼ぐしか志らくに道はない。

志らくがジャーを開けたら中に茶色い飯が入っていた。「今日は茶飯？」と尋ねたら、女房さんが「ごめんなさい、麦なの」と申し訳なさそうに答えた。昭和の御世《みよ》に一〇〇％の麦飯は囚人だって喰わない。志らくが二十二才で女房さんは二十才だという。悪いなと思いましたよ、と云った。

頑張らなきゃならない理由があったんだ。


談志一門の師弟関係は他の一門と比べればおよそ家族的なものではない。全員が顔を揃えるのは正月と盆暮れの挨拶だけだ。

初席を持たない立川流の正月はのんびりしている。正午に談志宅《イエモト》へ一門が集合、我々前座はその一時間前に談志宅《イエモト》へ行けばよい。元日だけは前座も着物を着て働く。

十二時近くになると兄弟子達が集まってくる。

「おめでとうございます」の声がすると、前座は兄弟子に向かっておめでとうございます、本年もよろしくお願い致します、と返礼。そしてお盆を差し出す。兄弟子はその中に自分の名入りの手ぬぐいを入れる。新年、噺家はお互いに手ぬぐいの交換をして挨拶をするのがならわしだ。勿論黒紋付、羽織、袴の正装。そしてこれが前座の憧れなのだが、名入りの手ぬぐいも、紋付の羽織も着物も袴も二ツ目にならないと作ることも着ることも許されない。談志《イエモト》宛の手ぬぐいを入れ終わったら、兄弟子達は前座のために手ぬぐいとお年玉をくれる。そのまま二階の和室へ向かう。階段を登りながら袴の裾《すそ》をたくし上げながら、袴穿《は》くのは久しぶりでさぁ、無理もねェ、御奉行様《おぶぎょうさま》の出てくる噺を演る時ぐらいだもんなァ、などと兄弟子達は話している。その背中に憧れる。自分が紋付姿でこの階段を上がっていく姿を想像する。

そうこうしているうちに談志《イエモト》起床。いつものように念入りに歯をみがいたあとに着物部屋に直行。元日だけは談志《イエモト》も紋付、羽織、袴で過ごすのだ。着替え終わって二階へ上がる。これで一門勢揃い。

御膳《おぜん》の真ん中の御誕生日席に談志《イエモト》。右側に真打連。文字助、里う馬、左談次《さだんじ》、談四楼、ぜん馬《ば》、龍志《りゅうし》。左側は二ツ目。快楽亭、談之助《だんのすけ》、談幸《だんこう》、志の輔。今から二十年近く前、談志《イエ》一門も今のような大所帯ではなく、当たり前だが全員若かった。談志《モト》年頭の訓辞《くんじ》のあと乾杯。一門全員、真打から前座に至るまでが、談志から手ぬぐいとお年玉をいただいて儀式終了。その頃になると、ぼつぼつ年始のお客も訪れる。そのまま大宴会……。

談春《ボク》が二ツ目になりたいなァと一番意識するのは、毎年この元日の日だった。黒紋付、羽織、袴であの座敷に座りたかった。宴会と云っても何も特別な酒や肴が出るわけではないし、談春《ボク》は酒が飲めなかったが、芸人にとってやはり正月は特別なのか、談志《イエモト》はじめ皆が普段とは一味違う笑顔で笑っていた。紋付を着て座ってこそ本当の一門、談志の弟子という感じがしたものだった。

宴会は果てしなく続く。ただひたすらに皆飲み続ける。元日だけは僕等前座も酒を飲むことを許される。日の暮れ方頃に談志《イエモト》が、「ジミー唄ってくれないか」とねだると、親友のジミー時田さんが持参したギターを奏《かな》でだす。初めて聴いた時、談春《ボク》はその素晴らしさに驚いた。おしゃべりを絵に描いたような談志一門が誰一人言葉を発することなく聴き惚れる。

「昔、俺が歌番組の司会などやってる頃、楽屋でクソ生意気な歌手なんぞいると、お前より俺の友達の方がケタ違いに上手いとケンカ吹っ掛けたもんだ。中には、それは誰のことですかなんて云ってくる奴もいてな、ジミー時田だと云うとみんな黙っちまう。ジミーは名人だ」

さもありなんと思った。二十そこそこの子供をそこまで納得させる芸の力は凄い。十畳ほどの座敷で二十人足らずがジミー時田の歌を至近距離で味わう。こんな経験をしてしまったらディナーショーなんて馬鹿〱しくて行けない。しかも司会は立川談志。一曲ごとに解説をふくめたエピソードまで入る。贅沢この上ない。ところがジミーさん、酒にだらしなくて酔うほどに妙な具合になってくる。

「談志ちゃん、いちいちなんかしゃべるなよ、気が散っていけねェ」

「こりゃ驚いた。ジミーこの辺りにしとくか」

「冗談じゃない、これからだ」

ギターを弾いて歌いだしたのは……、

「鐘がボンと鳴りゃサ、上げ潮ォ南サァエ……」

さいさい節だ。

「三代目柳好は最高だなァ、前座、酒持ってこい」

ジミーさん、こうなると自分の世界に入ったきり、もう決して出てこない。さぁそうなると、今まで黙ってた兄弟子連が一斉に騒ぎだす。

「ジミーさんもなァ、ああなっちゃうとダメなんだよなァ」と苦笑いするのが談之助兄さん。派手な芸風だが古典落語をこよなく愛する人。とにかく頑固で言いだしたら絶対と云っていいほど、あとに引かない。

「オイ、談之助、ジミーさんとは何事か」

出た、滅茶苦茶流家元、桂文字助だ。もうベロベロ、目が据《す》わっている。文字助対談之助、こりゃ面白そうな対決だ。

「ジミーさんとは何だ。談志《イエモト》の御親友をつかまえて何たる云い草だ。何故ジミー兄さんと呼ばん」

何を云ってるんだか、さっぱりわけがわからない。云われた談之助兄さんの答えが立派だ。酔った文字助師匠を相手にしたってしようがないのに、

「ジミーさんでいいでしょう。ジミーさんは寄席芸人じゃないんだから」

「キサン、何を云うとるか。ジミー兄さんと呼べ、無礼者」

どこの国の言葉なのか。

「私は、ジミーさんでないものをジミーさんと呼んでるわけじゃあない。ジミーさんをジミーさんと呼んで何が悪いんですか」

「何を云うとるんか、たわけ者め。家元、談之助の馬鹿野郎が礼儀をわきまえませ

ん。どうしてくれましょう。お前も魚河岸で働くか」

「とてもじゃねェが、こんな奴等と一緒にゃいられねェ」

座敷から談志《イエモト》が逃げ出してゆく。立川流は実にオープンな一門なのである。

談志《イエモト》はオーディオルームでお気に入りのビデオを観だした。

「オイ前座達、あっちの部屋に行くんじゃねェ。お前らも馬鹿が感染《うつ》っちまうぞ」

座敷では兄弟子連が前座ーァと叫んでる。飛んでゆくと、

「師匠何してるんだ」

「ビデオ観てます」

「ようしわかった」

何がわかったんだか。

小一時間談志《イエモト》と一緒にビデオを観て階下《した》に下りると、前座部屋で異様な叫び声がした。物置代わりの六畳間を開けると、モウモウと立ち込める煙草の煙の中でみんなで車座になってトランプ博打が開帳されていた。

「何やってるんですか」

「見てわからねェのか、みんなで親睦を深めてるんだよ」

談四楼師匠が笑った。

「また来た――！　弱っちゃうなァ、モウトルで負ける人の気が知れない。談春君、酒を持ってきてくれたまえ」

満面の笑みで叫んでるのは龍志師匠。モウトルとは落語家の符丁《ふちょう》で博打のことで、もうとる、もうとると云っているうちにオケラになってしまう、という意味らしい。

水割りを作って持っていったら、ありがとうこれチップねと千円くれた。他の師匠連からは、万札を両替してくれと頼まれる。お年玉をもらったばかりだから千円札ならたくさんある。

立川流は特別に博打好きが揃っているわけではないが、何故か年に一度正月だけ博打大会が催される。種目はブラックジャックだが、楽屋独特のルールがあってカジノのそれとはだいぶ違う。チンチロリンの時代もあったが、動く金額が大きいのであまり流行らなかった。本当に親睦目的なのである。参加資格は二ツ目以上で前座は入れない。その代わり雑用係として働く。儲かった人がチップをくれる。これがいい実入りになる。勿論談志《イエモト》も承知の上で昔は仲間に入ったこともあるらしいが、談春《ボク》が弟子になってからはそんなことは一度もなかった。下の部屋で歓声が上がるとニヤニヤ笑いながら、誰かドボンしやがったな、と云うぐらいなもんだ。

博打大会でも相変わらず不思議な存在は文字助師匠で、決して仲間には入らず横で酒を飲みながら大声を出してる。

「はい、親は18。龍志は18。ぜん馬は19。龍志はツケて。はい、談四楼は15で龍志のトリ、談幸は18で分けです」

当人は合力気取《ごうりき》りなのだろうが、他人に目を読んでもらうほど難しい博打じゃない。文字助兄さんはうるさいよってことになる。

みんな大酔っぱらいだから、最後はわけがわからなくなる。ある年、龍志師匠がバカヅキになった。17から引けば4を引いてくる。18から3、ヤケクソで19から引いたら2を持ってきた時は驚いた。キャーキャー叫びながら龍志師匠は飲み続け、ついには泥酔状態。それでもツキはやまず総カッパギ、全員の金を独り占め。合力文字助に五千円チップまであげた。

「ようし最後の勝負だ。俺はこの時を待ってたんだ」

誰かがつぶやいて、仲間内の博打にしてはめずらしく緊張感の漂う空気の中で、それぞれ普段より多めの駒を張った。

「へへへ、また勝っちゃうんだもんねェー」

龍志師匠が緊張感のカケラもない声でカードを配りだす。子方は六人。勝負の声で子方が全員手を開くと、何とみんなが21。絵札とエースの組み合わせ。

馬鹿〳〵しくて吹きだしそうになった。

一組に四枚しかないエース札がどうして場に六枚出ているのか。同じやるにしてももう少しうまい手はないのか。でもそれを云い出せない張り詰めた空気が場を支配している。それがまた妙におかしい。

「驚いちゃったなァ」

龍志師匠がボソッとつぶやくとみんなに駒をツケ始めた。驚いちゃったのは僕の方だ。龍志師匠酔いすぎて何もわかっちゃいない。子方全員笑いをこらえるので必死、ツケられた金の中から全員が、千円ずつ文字助師匠に後ろから回す。文字助こここで初めて笑顔。あとはもう龍志師匠は負けっぱなし。そりゃそうだ全員が一枚ずつエースを隠し持ってるんだから。絵札さえ来りゃいつでも出したい時に21が出せる。最後は龍志師匠泣きが入った。

「おかしいなァ、あんなに調子が良かったのになァ。どんどんお金が減って悲しいなァ」

そりゃ悲しかろう。全員がほぼ元に戻ったところで終了。

正月が来ると一日も早く二ツ目になりたいと談春《ボク》はいつも思った。

もう二十年も前の話だ。

「他所《よそ》は色々あるが立川流《ウチ》はなれ合いは好かん。俺は内容でお前達と接する。俺を抜いた、不要だと感じた奴は師匠と思わんでいい。呼ぶ必要もない。形式は優先しないのです。俺にヨイショする暇があるなら本の一冊も読め、映画の一本も観ろ。勿論芸の内容に関する疑問、質問ならいつでも、何でも答えてやるがな」

事あるごとにこう宣言する師に甘えに行くのは容易ではない。覚悟を要する。師のアンテナに触れる芸を己が師の眼前で演じてみせて、初めて共通の話題ができるのだから。立川流の落語家それぞれが自分の人生をかけて立川談志という芸人のアンテナに触れたいと思い弟子になったが、その者達に対して立川談志は無条件に電波を流すようなことはしない。弟子は皆、談志《イエモト》に恋焦がれてはいる。断言してかまわないだろう。何故なら損得だけで付き合うには談志《イエモト》はあまりに毀誉褒貶《きよほうへん》が激しすぎる。離れて忘れた方が身のためと、実は誰もが一度は考える悪女のような人だが、それでも忘れきれない、思いきれない魅力がある。

一門がめずらしく盆暮れ以外に集まった。

「立川流にお前達が払っている上納金が溜まっている。皆でハワイでも行くか」

と談志《イエモト》が云い出し、何処でどう話がまとまったのかはわからないが、一門全員で観光バスを仕立てて動物園に秋の遠足に行くことになった。ハワイから動物園という落差が優《いと》しい。

どうしてハワイじゃなくなったんですか、という談春《ボク》の疑問に、兄弟子は答えた。

「馬鹿、ハワイの話は昔から何度も出ていつも実現しないんだよ。考えてみろ、ウチの師匠が一旦入った金を手放すわけはないだろう。結局皆で割前を出すことにきっとなるんだ。それで師匠と一週間気ィ遣って旅するんだぞ。なんでそんな思いをしなけりゃならないんだ」

現実は切ない。

遠足が無事終わって、談志《イエモト》の自宅で飲み会となり師弟揃って上機嫌。

「ようし懐メロかけろ！　歌え！」

と弟子に命令する談志《イエモト》。ある人がとりあえずテープを入れたが、どうもその歌が談志《イエモト》のお気に召さなかったらしい。

「ダメだ、ダメ！　何年俺の弟子でいるんだ。もういい。お前は下《さ》がれ！　談幸を呼べ」

立川談幸。一門でたった一人だけ内弟子を許された男。

「弟子なんて家に置くもんじゃねェんだ。ロクなことしねえしな。だが談幸だけはしようがねエんだ。あいつがいないと不便でいけねェ」

とまで云わせた人で、その気遣い、タイミング、ほどの良さは一門で伝説になっている兄弟子。いつもの笑顔で談幸兄さんは数多いテープの中から一本取り出しラジカセに入れた。イントロが流れた途端に談志《イエモト》が叫んだ。

「よーし、それだ！　来やがった。さすが談幸だ！　他の奴もちったあ見習え！」

二曲目を談志《イエモト》が歌い終わった時、「下がれ」と云われた真打が立ち上がって怒鳴った。

「師匠はどうしていつも談幸ばかり可愛がるんだ！　弟子は他にもたくさんいるんだ！」

一瞬で場の空気が凍る。談志《イエモト》は聞こえないフリをして歌ってる。普段なら誰かが間に入って冗談めかしてとりあえず治まるのだが、真打は続けてもう一言云った。

「俺は師匠に云いたいことがあるんだ」

談志《イエモト》の目がキラッと光ったように見えた。

「云いたいことがあるなら云ってみろ」

　こうなると誰も間には入れない。変にまとめようとすれば、自分が談志《イエモト》に小言を喰らう。真打が続ける。

「昨今師匠がおっしゃる落語論は私にはさっぱり理解できません。理解できないくらいだから正否は判断できませんが、これだけは云えます。師匠は私が惚れた紀伊國屋ホールで独演会を演っていた頃の芸よりも、現在の芸は下手になっていると思います」

「お前の思う上手い落語とは、何を基準に云うのか答えてみろ」

「人物描写と情景描写がきちんとできている落語です。小さん師匠もそう云ってます。私は自分がそれができているとは思っていません。だから上手く、もっともっと上手くなりたいんです。でも現在《いま》の師匠はお手本にならない。私などにはわからないレベルで考えているのかもしれませんが、伝統を守ってゆくことはいけないことなのですか。師匠の言動は少なくともそう聞こえてしまいます」

「お前は名人になりたいのか」

「それを目指してます」

「無理だな。何故ならお前は俺より下手だからな。俺は作品、つまり形式を語らせても抜群に上手いんです。少なくとも俺に並ぶくらいの芸を命がけで演ってみろ」

「私は、私は……」

真打は全身をふるわせながら絶叫した。

「夢金《ゆめきん》だったら現在《いま》の師匠より私の方が上手い」

こんな場合の談志《イエモト》は怖いくらいに冷静だ。瞳の形すら変わらないように見える。弟子の分際《ぶんざい》で師匠に向かって無礼なとか、酔った上での話だから、素面《しらふ》の時にゆっくり話そうという選択肢は全くない。うつむいて談志《イエモト》は黙って考え込んだ。誰一人言葉を発する者はない。立ったままの真打は涙ぐんでふるえていた。その気持ちはわかるような気がする。

酒の上とは云え自分の想いを真っすぐに談志《イエモト》に向かってぶつけた、という興奮。とんでもないことを云ってしまった、という後悔。そして談志《イエモト》は何と答えるだろうか、という恐怖。「師匠に絶対服従は建前だ」ということを一門全員が心得ている。第一、談志《イエモト》自身、弟子にそんなものを求めてはいない。むしろ弟子が自分に対して刺激となる芸や理論、そこまでいかなくても、せめて情報だけでもいいから発信してこないかと望んでいるフシすらある。そんな談志《イエモト》を、第三者からは絶対君主に見えるように弟子が接しているのは、その方が弟子にとって楽だからだ。そしてもうひとつ、落語という芸能に対して、どう考えても己より立川談志の方が執念を持って努力している現実を、弟子達が一番知っているからだ。

「夢金なら俺の方が上手い」と云った真打は勿論馬鹿ではない。誰もが認める技量の持ち主で、しかも夢金は彼の十八番とされている。だからこそ、あえて「夢金なら俺の方が」と根多限定で叫んだ想いの重さに、談志《イエモト》がどう応えるか、全員固唾《かたず》を呑んで見守っていた。

実際には一分足らずの時間だろうが、談志が黙っている間がとてつもなく長く感じた。

「あらゆる角度から考えてみたが……」

つぶやいた談志《イエモト》の口元を全員が注視する。身体全部を耳にして聞きもらすまいと身を固くする。談志《イエモト》は何と云うのか。緊張の一瞬。

「俺の方が上手い」

ボソッと云った。

談春《ボク》はそれを聞いてひっくり返った。他の弟子達ものけぞった。人間は極度の緊張が緩和すると前のめりにはなれないらしい。立っていた真打はとうとう泣き出した。

「私の方が上手いんだい」

と泣きながら云った。

「子供《ガキ》だよそれじゃ、二人共」

「嫌な師弟だね」

と云って周りの兄弟子達が笑った。談志《イエモト》も笑った。真打も泣きながら笑ってた。

師弟関係とは恋愛にたとえるのが一番わかりやすい、と談四楼師匠の言葉を談春《ボク》は思い出した。

弟子の食欲とハワイの夜

談春《ボク》が前座の頃、談志《イエモト》は家族と別居していた。

おカミさんと長男は新宿のマンションに住み、長女は独立、談志《イエモト》は独りで練馬の一戸建てに住んでいて、そこへ弟子が通った。

「江戸っ子は生涯借家暮らし、家を建てるなんざァ、田舎っぺのすることだ」

と常々云っていた談志《イエモト》が、己の美学を捨ててまで家を買ったのには、家族への精一杯の愛があった。

「モデルハウスを見に行ったら子供が、今晩ここに泊まる、家へ帰りたくない、と云いだしてナ、なんか可哀そうになっちまった。狭いマンションで充分と思っていたが、そうまで云うなら、と練馬に一戸建てを買ったんだ」

家族揃って大喜びと思いきや、おカミさんは引っ越しを渋った。云い草がふるっている。

「パパ、練馬には伊勢丹がないから引っ越すの嫌！」

子供達も引っ越し反対！

しかし男一匹立川談志が、自分の家に住まないのも妙なもんなので、談志《イエモト》は住んだ。家族はいないから、文字通りの男一匹である。

そんな家に弟子が通う。朝は談志《イエモト》の起きるのが遅いので弟子達もゆっくり、十時か十一時、ひどい時には午後からの時もある。その分、夜は遅い。終わりが十時、十一時は当たり前で、午前様になることも多々あった。やたらと広い家なので、片付けなければいけない用は山のようにあり、仕事の絶え間はなかった。

立川流一門が落語協会に属している頃は、修業中の前座は一年三百六十五日、寄席へ入らなければならないので、師弟の間でも不都合はなかった。弟子は師匠が必要な時だけ練馬宅へやってきて、用事が終われば寄席へと出かける。師匠は自分の仕事場へと向かう。

ところが、立川流を作ったあとはそうはいかない。落語協会を脱退したために、談志の弟子は、寄席に入れなくなった。おまけに、寄席の中で先輩達から申し送りで教えられてきた、前座としての基礎的な労働（着物をたたむ、お茶を出す、太鼓を叩くなど）一切を、談志《イエモト》自らが教えなければならなくなった。談志《イエモト》が納得するスピードで成長してゆく前座は、一人としていない。僕達も物覚えが悪いが、談志《イエモト》の求めるスピードも常軌を逸している。

そして、これが師弟お互いの一番の不幸な点だったのだが、弟子達は他に行くところがないので、毎日ずーっと練馬宅にいる。一番多い時で十人近くの弟子がいた。

いくら広い家でも、談志《イエモト》からすれば、どの部屋を開けても弟子がいて掃除している。まるで弟子に監視されているようなもんで、気の休まるのはトイレだけという状態。爆発しない方がおかしい。

談志《イエモト》も大変だが、弟子だって大変だ。

まず、昼の十二時から夜中の十二時まで、一度も食事が出ない。弟子はみんな食べ盛りの二十代、全員貧乏で、三食満足に喰える金を持っている奴は誰もいない。師匠の家で飯だけは腹一杯食べられる、と思っていたが、それはすぐに幻想だと知る。談志《イエモト》は、なーんにも喰わしてくれない。午後の三時頃、仕事に出かける前に、談志《イエモト》は自分で自分の分だけ作って食べる。これが第一食。仕事場、楽屋で出る弁当を、談志《イエモト》は必ず持ち帰る。翌日の第一食にするために。

仕事が終わって飲みに行くが、前座は同席することは許されない。店の外に立って、談志《イエモト》の帰りをただひたすら待つ。その当時、銀座の真ん中にコンビニなどあるはずもなく、水やお茶、おにぎりを買うという習慣も、それを売るというアコギな商売をする人もいなかった。日本で一番うまいものを、日本で一番高い金を払って食べる銀座という土地に、日本で一番貧乏な二十代、落語家の卵達はあまりにも不似合いだった。

楽屋にも、ひとつやふたつの弟子用の弁当はあったが、まさか十人も弟子がついてくるとは思いもよらず、用意されるはずもない。そのうちにTV局でもホール落語会場でも、談志の弟子は無視されるようになった。向こうだって悪気じゃない。うっかり同情して人数分の弁当を弟子達にわたせば、あとでスタッフの分が足りなくなってしまう。前座も大変だが、ADだって可哀そうだ。

一度だけ、確信犯で弁当を盗んできたことがある。NHKラジオの真打競演という番組の司会を、談志《イエモト》と円楽師匠がやっていた。談志《イエモト》が弁当のたくさん入った段ボール箱をのぞいて、談春《ボク》に目で合図をした。

俺の分をひとつもらっておけよ、という意味だ。いつも通りの合図だったが、その日、談春《ボク》はひどく空腹だった。どうなってもかまわないつもりで、後輩と二人で段ボール箱ごと、談志《イエモト》の移動用のワゴン車に運びこんだ。後輩は、大丈夫ですか兄さん、と云ったが、談春《ボク》は、師匠が運べって云ったんじゃねェか！　と云い返した。

練馬宅で段ボール箱を開けた。中から出てきた弁当の山を見て、談志《イエモト》は怒鳴った。

「談春、お前全部持ってきたのか！　一個でよかったんだ、一個で。残りはスタッフの分だ、馬鹿野郎！」

一呼吸あって談志《イエモト》は云った。

「まァ、持ってきちまった物はしようがねェ。返しに行くわけにもいかねェしナ。残りの弁当はお前等で好きに分けろ。あ、俺の分は三つもあれば充分だ」

談春《ボク》は吹きだしそうになった。そんな談春《ボク》を、談志《イエモト》はじっとみつめてこう云った。

「人間いくらか泥棒了見がなけりゃ出世しない、と落語のセリフにあるがな、あれは事実だ。俺は寝るが、お前等、腹空いているならお茶でもいれて弁当喰ってけ」

あんなにうまい弁当は、以後一度も食べたことがない。

これで終わればちょっといい話で済むのだが、立川談志はそんな簡単な人間ではない。三日後、練馬宅へ行くと、談志《イエモト》が顔をボリボリ掻きながら玄関まで出てきた。

「いやァ、コンニャクは少しヌルッとはしてたんだ。気をつけなくちゃいけねェな、とは思ったんだが……」

何をブツブツ云ってるんだか、弟子にはさっぱりわからない。台所へ入ってようやく意味が呑み込めた。食べかけの弁当と、談志《イエモト》が自分でこしらえたけんちん汁のようなものが、散らばってた。NHKの残りの弁当を三つもらったのはいいが、毎日食べるのはさすがに飽きる。談春《ボク》達と違って毎日弁当を喜んで食べるほど、談志《イエモト》は食べ物に困っていない。だが談志《イエモト》独特の美学で食べ物を残す、捨てるのは、何よりつらく何より恥ずかしい行為なので、腐りかけの弁当を自分で調理しなおしてみたが、コンニャクにあたってジンマシンが出ちゃった、というわけだ。

談志伝説其の一「喰い物を捨てるくらいなら、喰って腹を下した方がよっぽど気持ちがいい」。

現場を目の当たりにした者の感想は、あんまりいい光景じゃない。第一、談志《イエモト》に何と声をかけてよいのか、困ってしまう。


こんなことばかり書いていると、談志って奴は何てけちだと思われるかもしれないが、それは違う。

正直に云うと、談春《ボク》も弟子が来るまでは、談志《イエモト》はセコイと思っていたのだが、弟子が来てみて驚いた。

弟子が貧乏なことも、腹を空かしていることも、師匠である談春《ボク》は知っている。が、可哀そうだから飯でも喰わしてやるか、と思うような行動をとる奴は一人もいない。飢えを経験させた方が、いくらか当人のためになるんじゃないか、と思わせるような奴等ばかりだ。また、近頃の落語家を目指す若者の親なんていうのは、信じられないような甘ちゃんで、子供より先に親を修業させた方がいいんじゃないか、と思うのばかりなのだ。

特に父親が甘いのは、どうにもならない。そういう場合の母親は、たいてい談春《ボク》を敵視してくる。「私の可愛い息子を、お前みたいな馬の骨が奪いやがって！」と憎しみを持った目でにらみつけてくる。で、どういうわけか、こういう馬鹿息子に限って高学歴な場合が多い。当然ながら、最後はケツ割るんだけどね。

見所がある奴の親のパターンも、決まっているような気がする。父親が鬼のような顔で談春《ボク》をにらみつけ、母親はうつむいて泣いている。談春《ボク》が最後に「確かにお預かりします」と云うと、絞り出すような声で父親が「よろしくお願いします」と云う。こういう両親に育てられた子は、しつけはきちんとしている。きちんとしているが、怒る父親、泣く母親に挟まれている心境はあまり楽しいものじゃない。


話を談志《イエモト》に戻す。

弟子が十人もいれば、毎食十人前以上の食事の仕度をせねばならず、それをするのは必然的に談志《イエモト》となり、そりゃたまったもんじゃない。

全国の支援者から日本中の山海の名物、珍味は送られてくるが、送る方だってまさか弟子が食べちゃうとは想像していない。談志《イエモト》からすれば、大事に食べてやりたいと思うのは当然で、弟子なんぞに喰わせてたまるかと思うもの。とわかったのは、くどいようだが、自分が弟子を持つようになった最近のこと。談春《ボク》が前座の頃は、これだけ食べ物が余っているのに、何ひとつくれないなんて、なんてけちな人だろうと本気で思っていた。

夏場は乾めんのいただき物が山のようにあるから、弟子は助かる。「腹が空いたら、そうめんでも、うでて喰え」と談志《イエモト》からお許しが出るからだ。そうめんや、そばの類は食べてもよかったが、絶対に許しの出なかったのが稲庭うどん。最初は平気で食べさせてくれていたが、来客の折、客が云った。談志師匠、稲庭うどんって高いんだよね、と。

途端に談志《イエモト》の目が光った。

そんな高い物を俺のためにと送ってくれたのに、弟子なんぞに喰わしちゃ勿体ない！　以来、稲庭うどんは弟子の口には一切入らなくなった。

「いつもそうめんじゃ飽きるだろ。俺がめずらしいもの作ってやる」

弟子一同固唾を呑んで見守っているうちにできたのは、なんと談志流そうめんアラビアータ。うでたそうめんをフライパンで、ニンニク、ケチャップ、とうがらしで炒める。色はとってもうまそうだったが……。談志《イエモト》は成功、自信作だと思っているが……。

二十年目の告白である。談志《イエモト》、あれはそれほどウマイものではありませんでした。談春《ボク》だけではありません。志らくも文都兄さんもそう云ってました。そうめんはめんつゆに限る。

談志《イエモト》の師匠である五代目柳家《やなぎや》小さん師匠は、弟子に徹底的に食べさせたという。妙な表現だが、体験した者は、徹底的という言葉に疑問を抱かない。その通りだ、とうなずくはずだ。小さん師匠は、食糧難の時代に食べ盛りを迎え、随分と悲しい、ひもじい思いをしたらしい。腹一杯食べられることがどんなに幸せなことか、その逆がどれほど切ないことかを骨身に沁みて知っている。だから弟子や若い衆には、目一杯食べさせた。ここまでは美談だが……。

弟子は皆、一度は胃をこわすのだという。

小さん師匠がラーメン屋に入る。

「えーと、ラーメンと餃子、レバニラ定食、人数分！」

柳家花緑《かろく》さんによると、小さん師匠にとって、ラーメンは味噌汁代わりなのだぞうだ。前座は若いから、自分の分は何とか食べる。しかし、真打、二ツ目の残した分まで下がってくる。これはつらい。餃子の一ケでも残そうもんなら、小さん師匠の必殺決め台詞《ぜりふ》が飛んでくる。

「若いのにだらしがねェナ。このデコ助野郎！」

餃子で小言とは、嫌な人間国宝だ。

小さん師匠は目一杯食べさせる。

談志《イエモト》は全く食べさせない。

あなたならどちらを選ぶか？

究極の選択だ。意外だが、食べさせられる方がつらい。途中でトイレに吐きに行って、また席について食べだす方が、人間つらいんだ。食べられない方が、次に何を食べよう、と考えている時間の分だけ楽しい。どんな妙なものでも、世の中にこんなうまいものがあったのか、と涙を流すほどおいしく感じる食事を経験した人が、談春《ボク》と同年代で何人いるだろうか。

昨今、落語ブームなどと云っているが、落語家なんて己から選んでなる商売ではない。立川流においては、食べられない前座の伝統は残っている。近頃、薄れつつあったのだが、談春《ボク》は復活させようと心に誓っている。談春《ボク》のところはつらいから、弟子になるなら、花緑さんのところへ行きなさい。

　ちょっと生意気なことを書く。

　談春《ボク》達が前座の頃、たとえどんなに腹が空いていようと、それを談志《イエモト》には悟《さと》られまいと努めた。弟子にしてもらっただけでも御《おん》の字なのだから、それ以外のことは我慢するもんだ、と思い込んでいた。兄弟子の志の輔も談々も文都も、弟弟子の志らくも。

　喰うや喰わずは当たり前で、芸人になるための修業というのはそういうもんだと思い込んでいた。たまに談志《イエモト》が、お前ら、腹空いているのかと云ってくれても誰一人として、はい、死にそうなくらい空いていますと答えることはなかった。それが師匠に対する礼儀だと思っていた。

　談志《イエモト》の家の隣に、スーパーがある。そこに練馬宅へ入る三十分前に前座が集合して、みんなで一日分の食事を済ませてしまう。甘いだけの缶コーヒー一本とあんパンが同じ値段とは、どうしても許せない。缶コーヒー屋はボロ儲けだ、こんなことをしているといつかバチがあたる。と談春《ボク》達は本気で語り合い、仕方ないのでみんなで一リットルの牛乳パックを買って回し飲みしながら、ある者は菓子パンを、ある者はいなり寿司を、ある者は太巻を、スーパーの前のベンチに腰かけてガツガツ食べていた。

突然、うわっ、師匠だ！　と叫んだ奴がいた。他の前座は一切そいつを無視した。午前中に、談志《イエモト》が起きてくるはずがない。驚いて全員が直立したところで、他人の喰い物をくすねる作戦なのは、百も承知だ。そいつは金がなくて、他人が食べるのをうらやましそうにながめているだけだったのだから。盗られちゃいけない、と自分の分を必死に口に頬張る奴もいた。何をかくそう談春《ボク》だけど……。

「乞食じゃあるまいし、家でお茶でも入れてゆっくり喰え。俺は今日は出かけるから。誰もついてこなくていい」

振り返ると、そこに談志《イエモト》が立っていた。

前座全員直立不動。一斉に「行ってらっしゃいませ」と叫んだ。談春《ボク》は口の中いっぱいに太巻を頬張っていたので、挨拶できなかったが……。

翌日、練馬宅へ入ると、台所で談志《イエモト》が大汗かいて料理を作っていた。チャーハンに焼きそば。何事だろうと目を見張ると、「とりあえず喰え」と一言。あとで聞くと、ベンチの前で弟子があさましく食べてる姿は、談志《イエモト》にはショックだったらしい。

「あいつら俺の家でもずっと平気な顔してやがるから、どっかで何か喰ってるのかと思ったんだ。じゃなきゃ、あいつら馬鹿だから腹も空かねェのかと思ってたんだが……馬鹿でも人並みに腹は空くらしい。そんならそう云うがいいじゃねェか」

十人前のチャーハンを中華鍋で炒める談志《イエモト》。額からダラダラ汗を流しながら、必死で鍋を振ってくれていたっけ。弟子は皆、無言で食べた。チャーハンと焼きそばを全員できれいに平らげ、「ありがとうございました。御馳走様でした」と皆が叫んだ。今思い出してもいいシーンだよなァ。

「えーと、ふーん、全部食べたんだ」

少し顔色が変わった談志《イエモト》は叫んだ。

「誰か隣のスーパー行って、メシ買ってこい」

続いて冷蔵庫から最上級のステーキ用ロース肉を取り出して、

「手前らなんぞ死んでも喰えねェような肉なんだ」

とつぶやきながら肉に塩、こしょうを振りだした。そしてささやくような声で、

「馬鹿野郎め、俺は、手前らだけ腹一杯にするために汗かいてチャーハン作ったわけじゃねェ」

と云った。大失敗《おおしくじり》だ。

談志《イエモト》、本当に申し訳ありませんでした。

前座の食欲を、談志《イエモト》に根底から考え直させた豪の者もいる。立川談之進。身長は図抜けて高かったが、太っているというほどの体型ではなかった。しかし並外れた大食漢だった。

「今日はサンドイッチを俺がこしらえてやる。談之進、スーパー行って食パン買ってこい」

戻ってきて、談春《ボク》は驚いた。談之進は両手でかかえきれないほどの食パンを買ってきた。談志《イエモト》思わず目が点になる。

「談之進、これ、一人どれほどパンを喰うのか答えてみろ」

談之進、堂々と胸を張って答えた。

「一人一斤《いっきん》です」

談春《ボク》は吹きだしてしまった。

「馬鹿野郎！　笑いごとじゃねェ。よーしわかった。談之進、手前一人で皆喰え。俺達は五人で一斤ありゃ充分だ、絶対に残すな。その代わりハムもカラシもバターも皆と同じ量しか使うことを許さん。一切れでも残してみろ、お前は破門だ！」

一時間かけて、談之進はパンを全て食べ終えた。見てるこっちの方が気持ち悪くなった。

談志《イエモト》は黙って書斎に入ると、談春《ボク》を呼び出して、少しおびえた目で云った。

「談之進《アイツ》は少しパァなのか」

「早速調べてみます」

今考えりゃ変な会話だが、その時はそれを感じないほど、談之進の食べっぷりは鬼気迫るものがあった。話を聞くと、子供の頃から大喰いで、中学生の時に相撲部屋からスカウトが来たそうな。とりたてて運動神経が良いわけではないが、喰いっぷりなら横綱級、これも立派なひとつの才能ということになったそうだ。スカウトの口説き文句が面白い。

「君の青春を徳俵《とくだわら》にかけてみないか」

そのまま談志《イエモト》に報告すると、たった一言、

「かけりゃよかったじゃねェか」

談之進の出現で、前座の食糧事情は飛躍的に改善された。談之進《アイツ》は喰わせないと死んじゃう、と談志《イエモト》は思ったらしい。喰い物のこととなるとおよそ師弟とは思えない会話が続く。

「談之進、昼飯は米を三合も炊けばいいいな」

「いえ、談志《イエモト》、一升でお願いします」

「うーん……五合で勘弁してくれ」

談之進だけは談志の弟子になって太った。恐ろしい奴だ。あげくの果てに、落語は来世の楽しみにとっておきますという名セリフを残して、どっかの宗教に入って辞めちゃった。それもただの信者ではなく、ちゃんと教団から給料をもらえる立場だというから、立派だ。あんなにモノを喰う神様が世の中にいるのかは、はなはだ疑問だが……。


世間はバブル景気一色。町工場の小さな会社の社長が社員旅行でハワイに行くので、談志《イエモト》も行かないかと誘った。招待だろうなと念を押してから、談志《イエモト》満面の笑み。談春君も一緒にハワイへ行こうよと、社長のありがたいお言葉。かくして談春《ボク》はお付きとして、生まれて初めての海外旅行へ旅立った。

搭乗口からバスへと向かう二筋の列は、右がメチャ混み、左はガラガラ。

「こいつらはブロイラーと同じだ。馬鹿面して黙って並んでやがる。左は空いてるじゃねェか」

前座を何年か経験すれば、考え方は立派なミニ談志の談春《ボク》。さすがは談志《イエモト》と左のバスへ。飛行機に乗り込んだら、一行三十人以上のツアーのはずなのに、知った顔が一人もいない。談志《イエモト》はそのままファーストへ、談春《ボク》はガラガラのエコノミーの席で、身を固くして座っていた。周りをみると、みんながダライ・ラマみたいな格好したお坊さんばかり。いいのかなァと、不安になった。ドアが閉まって機内放送。あれっ、今バンコクって云ったぞ。その前に、フロムだか、ゴー・トゥだか云ったけど、意味はなんだっけ。こういう時に中卒の少年前座は弱い。中卒以前の問題かナと思っていると、シャンパン片手に談志《イエモト》がファーストから血相変えて飛び出してきて、

「おい、今、バンコクって云わなかったか。この飛行機、何処へ行くんだ」

と叫んだ。ありえないことらしいが、あらん限りの説得の技術を使って、談志は一旦閉まったドアを開けさせた。それから見たこともないような、小さなバスもどきの車に乗ったところで無線から流れてくる業務連絡を聞いた。ホノルル行きのパンナム便で、松岡さんと佐々木さんというお客様がいらっしゃいません、行方不明です。無線の声は緊張していた。ひょっとすると、とんでもないことをしてしまったのか。

「松岡さんっていうのは俺だ。今向かってるから安心しろと云っとけ。バンコクもいいが、ビザがないと帰されちまう。それは俺の本意ではない」

と云ってから談志《イエモト》は付け加えた。

「お前、佐々木っていうのか。ありきたりだな」


この旅行は大丈夫なのだろうか、と真剣に思った。弱り目にたたり目という表現は間違っているが、思わずそう云いたくなるような事件が起きる。

「談春君は師匠とツインルームとったから。みんなはトリプルなんだけど、特別だよ」

と社長の笑顔。目の前が真っ暗になった。社長ォーッ！　談志《イエモト》とツインになるくらいなら、野宿でいいんだよォッ。ハワイは常夏、浜辺で寝るよォ。

ふたつあるベッドの上は、談志《イエモト》の荷物でみる間に一杯になった。

「荷物のバラシは終わったな。あとは俺が処理する。御苦労、下がっていい」

「師匠申し上げにくいのですが」

「なんだ」

「僕、師匠とツインなんだそうです」

「何！　俺はお前と寝るのか」

「すいません」

するとポーチから、コロンを取り出して、

「トイレのあとは、これを使え。いいニオイがする」

と云った。談春《ボク》はコケそうになった。


「とりあえず海だ」

談志《イエモト》は何より海が好きで、一度入ったら二、三時間は平気で出てこない。水を飲みに浜辺へ戻って、また二、三時間。朝一番から日暮れまでこれを繰り返す。

「じゃ、行くか」

仕度の済んだ談志《イエモト》を見て、いつものことながら驚く。トリコロール柄の海パンに上はグンゼの長袖の下着、下は同じくグンゼのももひき。ウェットスーツなんてものに金を出す奴の気が知れないと、毎度云ってる談志《イエモト》のお気に入りはグンゼの上下。素潜り専門なので岩で足を切るのが嫌だと足に地下足袋、頭にチューリップハット、手に水中メガネ。後ろに続く談春《ボク》は、立川談志と染めぬかれた浴衣姿。この格好で二人は、ホテルのフロントを抜け、ワイキキビーチを歩きまわる。談志《イエモト》と目が合うと、ほとんどの日本人が目をそらし、外国人は道をゆずる。ザブザブと海に入ってゆく談志《イエモト》は、そのまま沖へ沖へと進み、あっという間に見えなくなる。談春《ボク》は独り浜辺で、談志《イエモト》の命の水と、握り飯の入ったクーラーボックスをかかえ涙ぐむ。浴衣に雪駄《せった》ばきの談春《ボク》はつぶやいた。

「ハワイなんて最低だ」

「お前にハワイの夜を教えてやる」

そう云って談志《イエモト》は、談春《ボク》をロイヤルハワイアンのビーチにある屋外のバーみたいなところへ連れていってくれた。ウェイトレスに向かって、

「俺はチチ。こいつはブルースカイ」

と云ったが、注文が通らない。相手はハワイの女の子、ハワイはどこでも日本語が通じるというのは嘘だと知った。

「あのなァ、ブルースカイだ、ブルースカイ。わかんねェのか、お前、田舎っぺだな」

と談志《イエモト》。談春《ボク》が小声で、

「ブルーハワイじゃないですか」

とささやいたら、

「そうだ、ブルーハワイだ。間違った、君は悪くない」

ウェイトレスがホッとした顔をした。なんだ、日本語わかるんだ。ブルースカイがわからなかっただけだった。

本場のブルーハワイとはどんな味だろうと一口飲んだら、うまくもなんともない。

「どうだ、まずいだろう。ここはな、チチがうまい店なんだ。ま、初めてのハワイだからな、ブルーハワイはおいしくないという経験をしておけ。チチ飲むか」

と云って自分のグラスを談春《ボク》に向かって談志《イエモト》は差し出した。なるほどチチは甘くて、優しい味がした。

「師匠、とってもうまいです」

「そうか、もっと飲め」

ひとつのグラスに二本あったストローをお互い使いながら、チューチュー飲んだ。変な図だ。

「みっともねェな。おーい、チチふたつ」

今度は一人でゆっくり飲めた。酒の飲めない談春《ボク》がチチを二杯、時差ボケ、初めての海外、ベロベロ、フラフラだ。見れば談志《イエモト》も千鳥足、この人は昼間、三時間も海で泳いでるんだから、疲れているのが当たり前。浴衣姿の師弟がヘロヘロ、ワイキキの通りを歩いていたら、いきなり目の前に見上げるほど大きな女性が立ちはだかった。

「チョットスイマセン」

「えっ」

「アソビスキデスカ」

そういう商売の女の人なんだと認識するのに、酔っている談春《ボク》の頭は少し時間を必要とした。そして、あまりの美しさに驚いた。ただ、びっくりしているだけの談春《ボク》の前に談志《イエモト》が立って彼女に云った。

「遊びは好きだが、君は嫌いだ」

談志《イエモト》は、ポカンとしている女性の横を笑いながら駆けだした。談春《ボク》もそれに続く。妙におかしくて、声を上げて談春《ボク》が笑ったその途端、ヘイッ！　と叫ぶと、鬼の形相で彼女が追いかけてきた。彼女の方が上背がある分、ストライドも大きい。こっちは酔っている上に雪駄ばき、追いつかれるのは時間の問題だ。初めての海外旅行で見ず知らずの外国の女に追い詰められてごらん、ものすごく怖いから。談志《イエモト》も必死で走ってはいるが、ちっとも前に進まない。彼女の手が、あとほんの少しで談春《ボク》の背中に届く。心の中で、ごめんなさいとつぶやきながら、談春《ボク》は談志《イエモト》を抜いた。そのまま走ったら、後ろから不安そうな息も絶え〳〵の声が聞こえた。

「し、師匠を抜くなァ……」

夜明け前、談春《ボク》はうなされてたらしく、ビッショリ寝汗をかいて目を覚ました。隣で寝ている談志《イエモト》を見たら、やっぱりうなされながら、右の手をピクピク痙攣《けいれん》させていた。

談春《ボク》はちょっとだけ、いい気味だと思った。

高田文夫と雪夜の牛丼

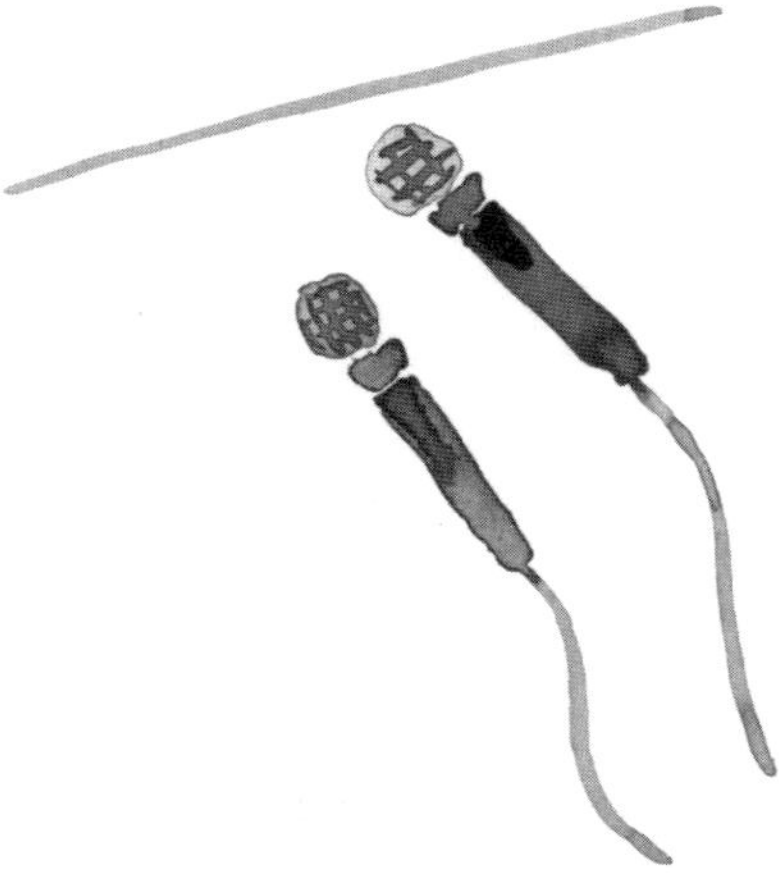

銀座のいつものバーで談志《イエモト》はその夜、すこぶる御機嫌だった。ベロベロで談春《オレ》と志らくの側まで近寄ってくる足元がおぼつかなかった。

「お前等今日はもう帰っていいぞ」

「お先に失礼します」

談春《オレ》と志らくが声を揃える。

「おい」

帰りかける僕達を談志《イエモト》が呼び止めた。

「いいか芸人に限らず、現状を改善するには行動を起こすんだ。お前等も志の輔を見習え、以上だ、帰ってよし。御苦労だった」

今しかない、と談春《オレ》は談志《イエモト》に近づく。

「談志《イエモト》、実は志らくと二人で勉強会をはじめたいのですが許していただけませんでしょうか」

「お前等二人でか」

「はい」

「うーん、ちょっと待ってくれよ」

と云うと、談志《イエモト》はカウンターに突っ伏して考え込んでしまった。

「それは許すわけにはいかない」

しばらく考えたあとで談志《イエモト》は低い声で云った。意外な答えだった。落語に関することで弟子が自分で行動を起こそうとすることを、今までただの一度も否定する談《イエ》志《モト》を談春《オレ》は見たことがなかったからだ。談春《オレ》と志らくの場合に限って、何故いけないのだろう。

「お前達が会をやりたいという情熱を止める権利と力を、たとえ師匠であろうと談《オ》志《レ》は持たない。だがな、お前達は前座なんだ。前座は勉強会をやってはいかんのです。前座とは落語家になるための修業中の身であって商品ではない。だから客が求めようと談志《オレ》は許すわけにはいかん。それが落語界の不文律《ふぶんりつ》なんだ。勉強会、独演会がやりたいなら二ツ目になれ。二ツ目になって堂々とやれ。わかるな」

はい、と談春《オレ》と志らくは力なく答えたものの、がっかりして地下にあるバーを出て階段を登りはじめた。

「おい」

階段の途中で呼び止められて、振り返ったら、談志《イエモト》が怖い顔で腕組みして仁王立ちしていた。

「お前等談志《オレ》の基準を一日でも早く満たして二ツ目になると約束できるか」

「はいっ！」

びっくりするほど大きな声で志らくが答えた。

「特例として勉強会を認めてやる。いいか、特例だぞ」

そう云うと談志《イエモト》は店の中へ戻っていった。


一回目の談春・志らく勉強会は百人を超す大入り満員。大成功だった。

「志らく《アンタ》、友達多勢いるんだなァ」

「談春《アニ》さん、あんなに友達いませんよ」

「じゃあ一体誰が見に来たんだ」

「それがよくわかんない」

どうも談春《オレ》と志らくの会にはそういうことが多かった。運がいいのかもしれない。

御礼の挨拶に談志《イエモト》のところへ行ったらたった一言、客は入ったのかと聞かれただけだった。拍子抜けした。

二回目はいつやろうか、と志らくと話しているのは楽しかった。こうなると張り合いも出る。根多を覚える速度が増してゆく。自分達の会なら前座と云えど大きな根多もやれる。それが間違いのもとだった。

「家を改築したんだ。パーティーをやるから遊びにおいで。内輪だけの集まりだから遠慮はいらないよ」

談志《イエモト》の友人からの電話だった。その人は何かにつけて談春《オレ》を可愛いがってくれた。御馳走を腹一杯食べた後で、談春《オレ》が云った。

「あのォ、何のお祝いも持ってこなかったので、せめて一席演らせてもらえませんでしょうか」

「偉い！　いい了見だ。おーい皆。談春が落語を演ってくれるそうだ。おばあちゃんも呼んできな」

着物に着替えて、覚えたばかりのへっつい幽霊という一席を演った。三代目桂三《み》木助《きすけ》師匠が練り上げた噺で談志《イエモト》をして、「手の加えようがない、絶品だ」と云わせるほどの名人芸で勿論真打のみに演ることを許される根多である。一席終わったあとで、

「よく覚えたなァ。立派なもんだ」

「勉強熱心ねェ。まさか家で落語が聴けると思わなかったわ」

「談志さんは良い弟子を持ったねェ。談春《アンタ》は末が楽しみだよぅ」

口々に誉められた。

「これは少ないけど車賃だ。とっときな」

小遣いまでもらって、得意満面。

「あのォ、お願いがあるんですが、今日ここで談春《ボク》がへっつい幽霊を演ったことは談志《イエモト》には絶対内緒にしてください」

「なんで、いい出来だったよ」

「へっつい幽霊は前座が演っちゃいけない噺なんです。よろしくお願いします」

「ふーん。面白かったけどなァ」


「談春、お前、へっつい幽霊演ったんだって」

にやにや笑いながらぜん馬師匠が楽屋に入ってくるなり、談春《オレ》に云う。

なんでだ。なんでぜん馬師匠は知ってるんだ！

「ゆうべ、談志《イエモト》とぜん馬《オレ》とお客さんで食事してたんだ。そしたら○○さんが、この間談春君を家へ呼んだら一席演ってくれましたよって。談志《イエモト》喜んでな、『偉えじゃねェか、談春《アイツ》何演ったんだ、道灌か真田小僧《さなだこぞう》か』『いえ、へっつい幽霊です』って云ったら、談志《イエモト》の顔色が変わってな、『何ィ！　へっつい幽霊だァ、ふざけやがってあの野郎!』って本気で怒りだしたんだ。まずいぞ談春《おまえ》。ちゃんと口止めしとけよ。とにかく談志《イエモト》に詫びに行ってきな」

全身に鳥肌が立った。

落語会が終演《ハネ》たあとで師匠連の打ち上げが終わって家に戻ったのが夜中の一時。失敗《しくじ》った時はとにかく時間を置かずに謝れというのが落語界《このせかい》の鉄則で、その対処の仕方で、執行猶予がつくか、実刑になるかが決まる。夜中だろうが関係ない。

談志《イエモト》の練馬の家に電話をする。

「夜分に失礼します。談春です」

「何だ」

「これからお詫びに伺いたいのですが」

「すぐ来い」

談志《イエモト》の声は恐ろしく低かった。寝ていたわけではないのに低かった。詫びるという談春《オレ》に、何の件だと確認せずに、すぐ来いの一言だけで電話を叩き切った。本気で怒っている証拠だ。談春《オレ》の下宿から談志《イエモト》の家までは、バス通りを歩いてゆくと三十分かかるが、街灯も満足にない畑の中の道を突っきってゆくと二十分で着く。一分でも早く着いた方が、罪が軽くなるような気がして、真っ暗な道を談春《オレ》は歩く。

本当は走るべきなのだが、談志《イエモト》に何と謝ればいいのか頭の中がまとまらないので歩く。ただひたすらに歩く。

マジで今回はヤバい、と歩きながら思う。今までにも色んな失敗《しくじり》はあったが、それらは、掃除の仕方が悪いとか、歩き方がうるさいとか、ゴミの出し方とか切手のはり方とか、落語に関することではなかった。救いがあった。今回のへっつい幽霊の件は救いがない。談春《オレ》は談志《イエモト》から教わったわけでも、談志《イエモト》に聴いてもらったわけでもない大根多を勝手に演ってしまった。芸名がある身でありながら、やってることは素人の落語好き以下だ。これはどう考えたってまずいよなァ……。他に覚えなきゃならない前座噺は山のようにあるのだから。「破門」という二文字が頭にチラつく。真っ暗な道で考えるから余計に気が滅入る。とにかく云い訳せずに謝ろう。泣いてすがりついてでも破門だけは勘弁してもらおう。

寝静まっている練馬の田舎町の中で、ポツンと談志《イエモト》の家の灯りだけが浮かんでいた。

何故か談志《イエモト》が山ン婆の姿で包丁を研《と》いでいる絵を談春《オレ》は想像した。食べられちゃうんじゃないかしら……。

覚悟を決めて玄関を開ける。

リビングへと続くドアを開けて、目つぶってカーペットに土下座して談春《オレ》は叫んだ。

「談志《イエモト》、今度《このたび》は申し訳ありませんでした」

無言。何の反応もなし。

恐る〳〵、目を開けて頭を上げたら誰もいない。

突然後ろのドアが開いて談志《イエモト》が入ってきた。談春《オレ》は口から心臓が飛び出すかと思った。また土下座する。

「夜中にいいウンコが出るというのは、体のリズムを考えるとあんまりいいことじゃねェ」

何云ってんだこの人。談春《オレ》は啞然《あぜん》として口がきけない。

「談春《おまえ》、何しに来たんだ」

そうだ、謝らなくちゃ。

「へっつい幽霊の件、誠に申し訳ありませんでした」

談志《イエモト》はニヤッと笑って、対面のソファを指さした。談春《オレ》はそこに座る。考えてみれば談志《イエモト》と一対一《サシ》で同じ目線で座るというのは今まで経験したことがない。

「談春《おまえ》が、へっつい幽霊なんという難しい噺を覚えたということは、師匠として嬉しい。誉めてやりたいぐらいだ」

あっそうですか。えっ、談春《オレ》怒られるんじゃなかったのか。どうなってんだこりゃ。

「いいか、覚えるんなら若いうちだ。鰍沢《かじかざわ》でも芝浜でも文七元結でも、皆覚えちまえ。覚えたくなるもんなんだ。談春《おまえ》が正常なんだ」

ありがとうございますと云いかけたが、さすがにやめた。

「覚えるのはかまわん。だが、それは芸ではない。覚えただけ、しゃべれるというだけなんだ。談志《オレ》だって、牡丹灯籠《ぼたんどうろう》も包丁もできるが、それはできるというだけなんだ、わかるか」

「はい」

談志《イエモト》はニッコリ笑って、お茶入れろと云った。お茶を談志《イエモト》に出すと、一口飲んだあとで、談春《おまえ》も飲みたきゃ勝手に飲めと云ってくれた。ありがとうございます、いただきますと云って談春《オレ》も飲む。

うまかった。

あんなにうまいお茶は飲んだことがない。破門にならずに済むんだと思ったら涙が出そうになった。

「昔な、柳朝《りゅうちょう》が前座の頃に鈴本で開口一番に上がって鰍沢を演りやがった。四十分近く演って降りてきたら、お先！　って云いやがって肩から手ぬぐい下げて、銭湯《おゆ》へ行っちまいやがった。談志《オレ》は驚いた」

そりゃそうだ。世の中には乱暴な人がいるもんだ。しかし柳朝師匠らしくて格好いい。

「あとで正蔵師匠にこっぴどく小言《こごと》を喰ってたが、当たり前だ」

まるで夢のようだった。談志《イエモト》と一対一《サシ》で芸談を聞かしてもらっている談春《ジブン》が信じられなかった。本当にバス通りを歩いてこなくて良かった。ああ、お茶がうまい。

「折角だ、俺が聴いてやるから、へっつい幽霊を演ってみろ」

その一言でお茶が気管に入りかけた。ひどくむせる。予期せぬ展開に息もできなきゃ言葉も出ない。

「何やってんだ。早くへっつい幽霊演れ」

いや、談志《イエモト》、へっつい幽霊どころじゃありません。談春《オレ》、息しないと死んじゃうから。二、三分もむせ続けて、ようやく出たのが、「とんでもございません。勘弁してください」だった。

談志《イエモト》は笑って、「じゃあ、もう帰れ」と云った。

第二回目の勉強会開演十分前、志らくが顔色を変えて楽屋に戻ってきた。

「談春《アニ》さん、大変だ」

「なんだ、どうしたんだ。志らく《アンタ》真っ青だぞ」

「高田先生が見に来るって」

「高田文夫が？　何であの人がわざわざ前座の会なんか見に来るんだ」

「わかんないけど突然行くぞって云いだしたらしい。今、お弟子さんから電話があった。もうすぐ着くって。どうしよう」

志らくにとって高田文夫は恩人である。大学の先輩である高田の口利《き》きで志らくは談志《イエモト》の弟子になれた。談志《イエモト》も、高田が云うならと認めた。その恩人が客席にいるとなれば緊張するのは無理もない。談春《オレ》だって普通じゃいられない。

中学生の頃からファンの、ビートたけしの知恵袋で毎週聴き続けたオールナイトニッポンではたけしの相手役を務めた。ひょうきん族での活躍も、らくごin六本木での司会も談春《オレ》にとっては憧れの人。談志《イエモト》が立川流を創設すると真っ先に入門してきたのがたけしと高田。師匠小さんに逆らったということで、どちらかと云えば談《イエ》志《モト》に対して否定的だった世情を一発で換えたたけし、高田の入門。後に、横山ノック、上岡龍太郎、山本晋也、景山民夫と続いて立川流は世間から認知された。その意味では立川流にとっても恩人だ。

「うすら寒い楽屋だなァ。広すぎるぞこの楽屋。どうせ客なんかいねェんだろ。いっそのことここでやれ！」

来た、高田文夫だ。

トレードマークと云ってもいいギョロ目は近くで見るとほんとにデカイ。目にもまぶしい真っ赤なスタジャン。袖の部分の白は革で談春達《オレ》が着てるスタジャンが何枚も買えるほど高いのだろう。

「高田先生、ほ、本日は、お、お忙しい、と、ところを……」

志らくの挨拶をさえぎって高田が云う。

「志らく、お前なんか云わなくていいから。相変わらず口が不自由だな。可哀そうな噺家だよ。来ちゃったよ、馬鹿野郎。前座の会なんか観に来るのは初めてだよ。俺に歴史をつくらせやがって憎いねどうも。こっちの兄《アン》ちゃんは？　談春？　フーン、しっかりやってくれよ、頼むよホント。お前等何席ずつ演るの、二席ずつ？　災難だなァ。何が悲しくて前座の落語を四席も聴かなきゃならないんだ。俺そんなに悪いこと何かしたか」

速い。自己完結する会話のスピードと、売れている人間独特のオーラとでも云うのだろうか、妙なまぶしさで談春《オレ》は息苦しくなった。やっとのことで高田文夫は客席に行ってくれた。あーあ、良かった。目一杯緊張したその日の談春、志らくの出来は幸いにも良かった。終わって高田が楽屋に飛び込んでくる。

「いよッ、揃いも揃った名人芸、感涙にむせんじゃったよこの野郎。そっちの兄《アン》ちゃん、談春だっけ、お前、噺上手《うめ》ェなァ。前座であれだけやれりゃあ立派なもんだ。それから志らく。お前とりあえず落ち着いてしゃべれ」

憧れの人に誉められて嬉しかった。近所のスナックで打ち上げ。

「高田先生、おとりします」

「いらねェヨ、馬鹿野郎。ツマミが、焼きうどんに焼きそばに握り飯って、何だこりゃ。飯場の宴会だなこりゃ。炭水化物以外のツマミは出さないつもりかこの野郎。まァ前座じゃしようがねエナ。志らく、とりあえず何か歌え！」

目を白黒させながら志らくが入れたのが、松山千春の「恋」。志らくの歌を初めて聴いたが下手だった。独り善《よ》がりというか自己陶酔型とでもいうのか、自分の世界に入り込んで熱唱している。全く人目を気にしない。その集中力は素晴らしいが傍《はた》から見てるとなんかおかしい。この状況を高田文夫が黙って見ているわけがない。

「おいおい、いきなりバラードだよ。歌い上げちゃってるよ志らくは。何が、女はいつも待ちくたびれてだよ、なァ、談春。俺達は聴き疲れだよなァ。あれッ、あいつ二番も歌いだした、勘弁してくれよ。談春、電源切って、次お前なんか歌え」

「わかりました」

そうーっと近づいて演奏中止ボタンを押しちゃった。

「男は、いつも、待たせるだァけェでェー。あれッ」

志らく鳩が豆鉄砲の顔。

「談春《アニ》さん、やめてくださいよ。志らく《ワタシ》が折角高田先生のために熱唱して……」

「高田《オレ》のためを思うなら頼むからやめてくれ」

「あっ、そうですか。失礼しました」

志らくがすごすごと席に戻る。

「只今は大変失礼致しました。それでは私、談春が歌わせていただきます」

拍手が起きる。

「曲は内藤国雄の、おゆきです」

大爆笑が起きた。高田文夫は手ェ叩いて笑ってる。よし、ウケてるゾ。

「持ォって生まれたァーァ、運命《さだめ》ェなァーれェー」と歌いだしたら、いきなり頭ひっぱたかれた。ビックリして振り向いたら高田文夫が涙流して笑いながら立ってた。

そして談春《オレ》に向かって、

「談春《おまえ》は、どんな十九才なんだ」

と叫んだ。

一週間ほどして、談志《イエモト》が、

「高田がお前等二人のことを誉めてたぞ」

「先日我々の勉強会においでいただきました」

「そうか。お前等何演ったんだ」

「談春兄さんは、よかちょろを演りました」

談志《イエモト》のコメカミがピクンと反応した。

よかちょろは、八代目桂文楽、俗に黒門町の師匠と呼ばれる大名人の十八番のひとつで、談志《イエモト》もことのほか思い入れの強い名作だ。この間のへっつい幽霊事件の余《よ》韻《いん》が冷めていない状況で志らくは何故こんなことを云うのか。そりゃ確かに談春《オレ》は、よかちょろを演ったが、もう一席は真田小僧を演ったんだ。同じ云うなら真田小僧の方を云ってくれりゃいいのに。

チラッと志らくを見ると得意満面の笑い顔をしてる。談春《オレ》には笑顔の意味がわからない。今の言葉で云うなら、その瞬間に完全に談春《オレ》はキレてしまった。

「志らく、お前他人《ひと》のことだけは面白がってそういうことを云うけどな、お前だって、お若伊之助《わかいのすけ》演ったただろ」

今度は志らくが慌てた。

「や、やめてくださいよ、談志《イエモト》の前でそういうことを云うのは。談春《アニ》さんなんか、一回目の会の時に蒟蒻問答《こんにゃくもんどう》演ったじゃないですか」

「演ったよ、それがどうした」

「おっ、野郎、開き直ったな」

「兄弟子に向かって、野郎とはなんだ」

「口がスベったんですよ。ごめんなさい」

「お前、次の回で、らくだを演るって云ってたじゃねェか」

「なんでそんなこと云うんですか」

「それも談志《イエモト》の型じゃなくて、可楽《からく》師匠の型のらくだを演りたいって云ってたな。

お前は最低の弟子だ」

「談春《アニ》さんだって志ん朝師匠の明烏演ってみたいって云ったじゃありませんか。云っときますけどね、明烏《あけがらす》は馬生師匠の方が良いんですよ。もっとよく勉強してください」

「志らく、お前は天下の立川談志を前にしてよくそんなことが云えるな。談志《イエモト》の明烏が、談春《ボク》は一番好きです」

「談春《アニ》さん、その云い方は汚ねェゾ」

「もうわかったから、お前等二人共談志《オレ》の前から消えろ。何でもいいが、お前達の落語聴かされる客は災難だ」

談志《イエモト》の一言で談春、志らくやっと我に返った。

談志《イエモト》は実弟に、「あいつらに勉強会を許可したのは間違いだったかもしれん」と云ったそうだ……。


その年の暮れ。

高田先生から電話があった。

「米助《よねすけ》、小遊三《こゆうざ》と忘年会やるから、お前等二人も水割り作りに来い。水割りくらい作れるだろ」

いい台詞だな、と思う。恩着せがましくなくて、俺達に負担をかけず、本当に俺達が馬鹿なら一言も話させずに水割りだけ作らせせときゃいい。誘った時の台詞通り、嘘、偽りはどこにもない。

桂米助、三遊亭小遊三と云えば落語芸術協会のバリバリの中堅、ポイントゲッター。当時ではめずらしいマスコミでも売れている落語家だった。

「こいつら談志師匠の弟子。こっちが志らくで高田《オレ》の大学の後輩、学生時代からギャグを作る才能があってさ、めずらしいタイプの噺家になれるかもしれない。ちょっとドモるのが玉に傷かな」

「そう。あきらめちゃいけないよ」と小遊三師匠が笑う。

「こっちは談春。まだ十九なんだけど志らくの兄弟子。変に難しい根多ばっかり演りたがる妙な奴でさ、前座にしては聴かせるんだ。この間なんか、よかちょろ聴かされちゃったよ」

「よかちょろってどんな噺」と米助師匠。

「よせよ」と小遊三師匠。

「芸協で、できる人はいないな」と高田先生。

「はじめまして橋幸夫です」と小遊三師匠。

「申し遅れました、私、桂米助《ケイベイジョ》です。少し日本の言葉わかりづらいアルヨ」

「また、そういうことを云うんじゃないよ」

ひとしきり笑いがあって乾杯となる。

「この談春、十九のくせに俺と初めて会った時に歌ったのが内藤国雄のおゆきだぜ。とんでもねェだろ」

「いいね。君とは友達になりたいよ」

小遊三師匠の一言でまた爆笑。なんで内藤国雄だとそんなに突っ込まれるのか談《オ》春《レ》は不思議でしょうがないがウケてるからまあいい。

「談春、両師匠におゆき聴いてもらえ」

高田先生に云われて精一杯歌う。歌い終わると、次は志らくが指名された。志らくも汗を流しながら「わかってください」を歌う。これが高田、米助、小遊三のツボにハマる。下手というのとはちょっと違う、オンチともちょっとズレてる。単に下手でオンチならシラケるところだが、三人共大笑いしてる。聴き慣れている談《オ》春《レ》も吹きだしてしまう。確かに味はあるのだが、実に不思議な歌だ。現在はあの頃よりずっとうまくなってしまったので志らくの歌はつまらない。十五年ほど前に談春、志らくでCDを出すという企画があり、スタジオでテストをした。談春《オレ》が先に「いちご白書をもう一度」を歌って、あとで志らくが「見上げてごらん夜の星を」を歌った。志らくが歌い終わって二人でミキサー室に行ったら、スタッフが一人もいない。ビックリしてスタジオを飛び出してミキサー室を見たらスタッフ全員床に転がって涙流して笑ってた。そのデモテープを談春《オレ》は嫌なことがあると時々引っ張り出して聴いている。そういう意味では志らくの歌声は生きる活力が蘇ってくる歌だ。

「志らく、お前の歌は面白すぎるよバカヤロウ。今後二度と高田《オレ》の前では歌うな」

高田先生、涙流して笑ってる。

「いやあ参った。立川流はやっぱり凄えな」

米助師匠も涙目だ。

「志らくお前歌はいいから、談志師匠のなんか面白い話をしろ」

突然の高田先生の指名で談春、志らく顔を見合わせる。志らくが話しはじめる。

「えー、うちの談志《ししょう》は、世間では大変強面《こわもて》のイメージがありますが、実は趣味は、ぬいぐるみを集めることでして……」

「嘘だろ、談志師匠がぬいぐるみ？　お前等勝手に話を作ってるだろ」

大きな目を更に見開いて高田先生が喰いついてくる。

「まァまァ、高田さん。これは是非とも最後まで聞かないと。志らくさん続けて」

と米助師匠。

「一番可愛がっているのがライオンのぬいぐるみなんです。弟子に入りたての頃、談志《ししょう》のベッドの上にライオンのぬいぐるみが置いてあったので何気なくポーンと志らく《ワタシ》が放ったら、談志《ししょう》が『志らく、こいつは談志《オレ》が大事にしてるライ坊ってんだ。いじめねェでくれ』と云われまして……驚きました」

これはウケた。貸し切りのスナックが笑いでゆれた。ママも女の子も大笑いしてる。小遊三師匠は水割りを吹きだした。高田先生は、おしぼりであふれる涙をぬぐってる。米助師匠は、腹痛ェと云いながらボックス席で丸まっちゃった。

高田、米助、小遊三、揃って笑いでグロッキー状態。志らく絶好調、猛連打。談志《ししょう》のことをないこと、ないこと（それじゃあ皆嘘なのだが）しゃべり倒す。志らくが疲れると談春《オレ》が何か云ってつなぐ。その間に志らくが次の根多を考える。そのうち談春《オレ》も志らくも妙な興奮状態になってきた。落語とは全く関係がなく、自分達の言葉で、高田、米助、小遊三が笑ってる。テレビでしか見たことなかった人達が聞き役に回ってる。これ以上の快感はない。拙《つたな》いながらも談春《オレ》と志らくの話は一応コンビネーションになっていた。

「いやあ面白い。高田さん、この子達、面白いよ」と米助師匠。

「だろう。こいつら何か変なんだよな。お前等売れたら談志師匠のエピソードで本出せるぞ。落語は勿論だけど、これからの時代はトークができないとな。談志師匠っていう最高の根多があるんだからよ。いつまでも、選挙と議員の根多じゃねェヨ。談志師匠はこんなに可愛いんだっていう根多、お前等どんどん作っちゃえよ」と高田先生が云った。

「立川流の基準は知らないけど、早く二ツ目になれるといいね。談志師匠の新しい話ができたらまた聞かせてよ。それじゃ、そろそろ高田さん……」

「お開きということで……」

高田、米助、小遊三の三人は帰っていった。三人それぞれが車代をくれた。スナックのママまで、「面白かったわ。今度、店でクリスマスパーティーがあるから司会に来て」と仕事までもらった。

「うわー、談春《アニ》さん、雪だ」

外は驚くほどの雪。道玄坂の百軒店の坂道を、すーっと滑りながら降りれるほど積もっていた。バブル真っ盛りの頃の真夜中、タクシーはつかまらない。三人から折角もらった小遣いをタクシー代に使ってしまうのが勿体ないのと、何より談春《オレ》も志らくも興奮していてこのまま別れるのも惜しかった。クールダウンしなきゃお互い下宿へ帰れない。腹も減っていたから牛丼屋で牛丼をかき込んだ。

二人で夢中で牛丼をかっこむ。

「ウケたよな」

「そうですね」

「高田先生なんか涙流して笑ってくれた」

「談春《アニ》さん、早く二ツ目になりましょうね」

「なァ、ひょっとしたら俺達売れるのかな」

「もしかしたら。だって今晩より怖いお客さんの前で演ることなんてそうはないでしょう」

「そうだよな」

ただの憧れだった二ツ目を、初めて明確に意識したのがこの夜のことだった。

「談志《ししょう》が成田の税関で麻薬犬にかまれるってのどうです」

「面白い。ポケットから、くさやの干物が出てきたりして……」

「談志《ししょう》、自転車乗れないの知ってます」

「また、いいかげんなこと云って……」

「本当ですよ。談志《ししょう》のお母さんが云ってました」

牛丼屋で目を輝かせながらしゃべっている二人を、現在の談春《オレ》が見たら何と云って声をかけるだろうか。

牛丼くらいなら黙って奢《おご》ってやろう。

生涯一度の寿限無と五万円の大勝負

十七で入門した春に、目標をひとつだけ決めた。

二十二才までに二ツ目になる。

同級生が大学を卒業して社会人となる歳までに、前座修業を終えて落語家としての本当の意味でのスタートを切る。それが達成できなければ、きっぱりと落語家の道をあきらめよう。大学なんて皆遊びに行くところと思っていたから、四年間どう使おうが俺の勝手、学費を使わないだけでも親に感謝されるくらいのもんだ……と。

「二ツ目になるためには落語を五十席覚えろ。なに、簡単なもんだ、月に二席覚えりゃいいんだ。二ツ目なんて二年でなれる。落語を覚えるのが苦痛なら辞めちまえ」

入門早々に談志《イエモト》に云われた。その言葉通り、兄弟子《アニ》の志の輔は二年で二ツ目になった。

二十二までに二ツ目という談春《オレ》の目標は甘いのかなとも思ったが、逆に二十二までに二ツ目になれないのなら、談春《オレ》は見込みがないんだと思い込んだ。

目標は誓いに変わった。

二十一才の秋。談春《オレ》はまだ前座だった。

修業仲間は四人。談々、関西、談春、志らく。

「談志《イエモト》、こいつら（談々、関西、談春）をそろそろ二ツ目にしてやってくださいよ」

談志独演会の打ち上げの席で、酔った桂文字助師匠が唐突に談志《イエモト》に談判しはじめた。この文字助師匠こそ、談春《オレ》達三人を談志《イエモト》から預かって魚河岸へ放り込んだ張本人だ。この師匠が酔ったらもう手がつけられない。談志《イエモト》ですら逆らわない。徹底的に無視するだけだ。

一体、何を云いだすんだと談春《オレ》は思い、頼むから酔って余計なことを云わんといてという顔を関西はして、談々はうまそうに日本酒を飲む兄弟子をうらやましそうにながめているので一大事の状況に全く気がつかない。弱ったもんだ。

談志《イエモト》は談春《オレ》達三人を一瞥すると、

「なりたきゃなるがいいじゃねェか」

とつぶやいた。間髪入れず文字助師匠、

「ありがとうございます。談志《イエモト》からお許しをいただきました。お前達三人も談志《イエモト》に御礼を申し上げろ」

と叫んだ。事態がよく呑み込めないうちに談春《オレ》達三人は、文字助師匠の後ろに座らされ頭を下げた。

「志らくはどうするの」

と云う外野の声に酔った文字助が素早く反応。

「志らくなんざァ関係ねェ。志らくは築地を嫌がって断った野郎だ。志らくは絶対二ツ目にはさせねえぞ。天が許しても文字助は許さねェ！」

云ってることが滅茶苦茶だ。でも桂文字助とはそういう人なのである。

「文字助兄さんが許さねえって、判断するのは談志《イエモト》なんだから」

と云う他の真打から至極《しごく》まっとうな意見が出て一門全員がうなずくも文字助師匠はひるまない。あらん限りの声で叫んだ。

「いや！　そういうもんじゃねえ！」

一門全員あきれかえって笑いだした。

「おい談々、関西、談春。お前ら三人、文字助兄さんの弟子になれ」

と云う左談次師匠の言葉に、関西が、

「それだけは勘弁してください。あとはどんなことでもしますから」

と云って涙ぐんでみせたので大爆笑。

「前座達の二ツ目の件だが……」

新年会の席上で談志《イエモト》が突然切り出して一門全員に緊張が走る。真打、二ツ目連の兄弟子達には関係のない話だが、そこはありがたいもんで一緒に緊張してくれる。座敷の空気が変わる。

「知っての通り我が立川流の二ツ目の基準は、古典落語なら五十席覚えること。それに寄席の鳴り物を一通り打てること。講談の修羅場、これは三方ヶ原《みかたがはら》の物見《ものみ》でい い、噺せること。あとは踊りの二つ、三つ踊れりゃよしだ。レベルは談志《オレ》が試験してもいいが、談志《オレ》の基準じゃまず落ちる。お前等真打共でも合格《うか》るか怪しいもんだ」

真打連が力なく笑う。

「五十席は覚えたのか」

と云う談志《イエモト》の問いに、談春《オレ》達四人声を揃えて、はい、と叫んだ。

この際五十席覚えたかはどうでもいい、二ツ目になりたいという意思表示のためにも間髪入れず大声で返事をした方が良いということは、四人共あうんの呼吸でわかる。指を折って落語の数をかぞえだしたり、馬鹿っ正直に、あと二席で五十席になりますなんて云ったら全てがおじゃん。その辺は談春《オレ》達四人は見事にチームワークがとれていた。談志《イエモト》の喜ばせ方を四人それぞれが心得ていた。

「そうか、じゃあ、二ツ目に……」

談志《イエモト》の次の言葉を、固唾を呑んで談春《オレ》は待った。

突然文字助師匠が叫んだ。

「お前達、今ここで踊ってみろ！」

びっくりして振り返ったらベロベロに酔ってる。最悪だ。談志《イエモト》が露骨《ろこつ》に嫌な顔をした。お願いです文字助師匠、五分だけ気絶してください。

「踊ってみろ、談々！」

ダメ、文字助絶好調。談春《オレ》が気絶しそうだ。と、談春《オレ》の横で談々が立とうとしていた。何と談々は踊る気になってる。関西が小声でつぶやく。

「談々《アニ》さん、あかんて、無理やて」

そう、その通り、この状況でいくら踊ってもOKが出るわけがない。やめて、お願い、談々《アニ》さんやめて……。

談々は堂々と踊りだした。四人で通っている踊りの教室でお師匠さんからOKが出たのは、奴《やっこ》さんと深川の二つだけなのに、談々は梅にも春を踊りだした。先週初めて稽古してもらっただけで他人様に見てもらえるような代物ではないのに……。

案の定、

「談々、お前小便我慢してんなら遠慮しないで行ってこい」

と誰かが云って大爆笑。談春《オレ》も関西も放心状態。なんでこの状況でそんなものを踊るのか。

「失礼しました。それでは十八番の深川を、これは自信作です。それでは皆さん、お手拍子を……」

忘年会の余興の仕事じゃないんだ、この人はどんな頭の構造をしているんだろうと思ったら、文字助師匠が談々兄さんを蹴とばしてから云った。

「いいかげんにしろ馬鹿野郎！　手前、オレに恥をかかせやがって！」

談春《オレ》達の踊りの師匠は文字助師匠の後援会長の奥さんの妹さんで、あとで聞いたら文字助師匠は談志《イエモト》に、「前座四人、今踊りを仕込んでます」と云ってたらしい。「志らくもか」「はい」「そうか」と談志《イエモト》は喜んだらしい。文字助師匠からすればめでたい新年会の席上で一気に四人を二ツ目にしてしまおうという愛情だったのだろうが、その目論見《もくろみ》は見事に外れた。

「お前達四人は後日改めて談志《オレ》が試験する。わかったな文字助」

ドスの利いた声で談志が文字助師匠を見る。文字助師匠もうなずくより他なかった。

なんだかんだ云うようなもんの、二ツ目になるための試験を受けられるまでにはなった。その道筋をひいてくれたのは酔った文字助師匠である。感謝しなければいけない。試験とはどういう形で、何をするのか、経験者である志の輔兄さんに聞いた。

「自分が覚えた五十席を書き出して談志《イエモト》に渡すんだ。談志《イエモト》が次から次へと、あれ演《や》ってみろ、これ演ってみろと云うからその指示に従って噺を演る。それを聴いて談《イエ》志《モト》が合否を判断する。俺は五、六席しゃべったかな。もちろん丸々一席演るわけじゃないけど、数だけ五十合わせてもすぐバレるぞ。何を演れというのかもヤマ張っても無駄だ。稽古するしかないな」

五十席という数は少なくはない。真打でさえ持ち根多が五十席と云ってもおかしくはないほどだ。が、談志《イエモト》の教えは、いつ何処でどんな根多が自分の人生にシンクロしてくるかわからんのだから根多だけはたくさん覚えておけ、というものなのだ。

単純に考えても四人一緒に試験を受けるのだから、一人が三席ずつ演っても十二席、五席ずつなら二十席。五十席全てを均等に、しかも談志《イエモト》が聴いて納得するレベルまで噺せないといけない。これは大変なことだ。

現在の談春《オレ》が独演会で用意してゆくのが、せいぜい五、六席。それも初めて行く土地に限ってだ。東京の独演会はあらかじめ稽古してゆくから自分の中で根多は決まっている。談志《イエモト》だって、昔、「談志の看板で金とれる根多は、いきなりだったら六十席がいいとこかな」と誰かと話してたのを記憶している。二十年たった談春《オレ》の持ち根多は百五十席以上、二百席未満。いいかげんだから正確な数はわからない。いきなり演れと云われたら、せいぜい五十席だろう。一日時間をくれれば大体はできる。落語家を志して三、四年の前座が、立川談志に向かって、リクエストに応えて五十席の中から噺すということは、とてつもなく無理で過酷なことなのだ。

四人それぞれが稽古に励《はげ》む。この段になればチームワークなんて云ってられない。試験前夜、五十席を書き出した。丁寧に心を込めて一席ずつ書く。不安でたまらなかった。書けば書くほど、それぞれの根多でトチった箇所ばかりが頭に浮かんでくる。頭が冴えてくる。心臓が高鳴っている。とうとう一晩マンジリともできなかった……。

　で、明朝、寝過ごした。

　じゃあ寝たんじゃねェかと思った人、殴るぞ。バスに乗っている最中、こりゃダメかなと思う。目覚めていない頭と緊張しきっている身体。車窓の外に流れている風景をボオーッと見ていたら何だか無性に腹が立ってきた。原因もわからなければ、誰に対して怒っているのかもわからないが、ただひたすらに腹が立った。

「あー、もう面倒くせえ、落ちたら辞めりゃあいいんだろ。上等じゃねェか」

　と本気で考えていた。集合時間に三十分遅れた。三人に半ばふてくされながら、

「おはようございます」

　と云った。

「何しとんねんお前！」

　関西が怒っている。当たり前だ、こんな大事な日に遅刻なんて誰がどう考えても怒る。

「とにかく早く行こう」

　と談々。結局談春《オレ》は三人に一言も謝らなかった。

談志《イエモト》は起きて洗面所で歯をみがいていた。

「おはようございます」

と皆で挨拶すると、

「五十席書き出しとけ」

と云った。カバンの中から根多帳を出そうとしたら紙がない。忘れた。全身が総毛立った。志らくと談々の根多帳を見せてもらって重複している根多から書き出すが、手のふるえが止まらない。落ち着こうとすればするほど自分が何をやっているんだかわからない。四十席書いたところでピタッと筆が止まってしまった。

「志らく、談春《オレ》四十席しか根多ねェや」

「えっ」

と云って志らくが根多の確認をしてくれた。

「談春《アニ》さん、真田小僧は」

「あ、そうか」

「十徳もないよ」

「そうだ、十徳。あとろくろっ首……」

四十九席まで思い出したがあと一席がどうしても思い出せない、出てこない……。

「お前ら二階へ上がれ」

談志《イエモト》が呼んでいる。どうしよう。

「寿限無《じゅげむ》ならできるだろう」

と談々が云った。そうだ、寿限無だ。覚えてはいないし、持ち根多ではないが、寿限無ぐらい子供だって知ってる。五十席目に寿限無、と書いた。間に合った。

「試験をはじめる。全員根多を出せ」

それぞれの紙を見比べながら談志《イエモト》が、

「談々、松山鏡《まつやまかがみ》のケンカのシーンから演ってみろ」

と云った。談々がしゃべりだす。顔を真っ赤にしながら額に汗をいっぱい浮かべていた。談々のこれほど緊張した顔を今まで見たことがない。出来はお世辞にも誉められたものではなかった。つっかえ、つっかえそれでも談々は必死にしゃべる。三分も演っただろうか、少し調子が出てきたなと思ったら談志《イエモト》が、

「わかった。もういい」

と云った。

「関西、七度狐《しちどぎつね》の頭から演れ」

実はこの試験が一番つらいのは関西だった。

談志《イエモト》が教えた江戸落語を一つ一つ関西弁に直したうえで関西は覚えなければならない。それが談志《イエモト》が関西に課した課題だった。だから一席を仕上げるのに途方もなく時間がかかる。地名もいちいち大阪に直さなければならない。関西自身が選んだ道とは云いながら、本当に苦労の連続だった。ところがこの大事な試験で談志《イエモト》が選んだのは正真正銘の上方落語のド真ん中、七度狐だった。見台《けんだい》もハメものもないなかで関西が懸命に七度狐を語る。

「わかった。次は……」

談春《オレ》の番だと思った途端、喉がヒリヒリとした。

「志らく、品川心中の下《げ》を演ってみろ」

と談志《イエモト》が云った。談春《オレ》は飛ばされた。

談々と関西も、エッという顔をした。気の毒なのは志らくで、まさか自分の順番が来るとは思っていないから突然の指名にうまく返事ができなかった。

「ウヒャイ」

まるで百川《ももかわ》の百兵衛《ひゃくべえ》のような奇声を上げるとしゃべりだした。それを聴きながら、談春《オレ》は無試験なのだろうか、どうしてだろうと、ぼんやり、本当に他人事のようにぼんやり考えていた。志らくの声が遠くで聴こえている。人間極度の緊張から解放されると音が遠くで聴こえるものらしい。そのうちに耳鳴りがしだした。志らくの声も聴こえなくなった。

遠くで誰かが談春《オレ》を呼んでいる。よーく聴いたら談志《イエモト》の声だった。

「談春！」

正気に戻った。ハイと云ったつもりがどういうわけか、ホイと云っていた。

「何がホイだ、馬鹿野郎」

「失礼しました」

「お前は……」

と云って談志《イエモト》が談春《オレ》の根多を見ている。他の三人より念入りに見て、

「お前、寿限無演ってみろ」

と云ってニヤッと笑った。横で志らくが吹きだした。談々もうなずきながら笑ってる。大変な事態になったことは理解できるが、一旦解いてしまった緊張感はおいそれと取り戻せない、元に戻せないことを初めて知った。俺、寿限無はできないなァ、あれッ、こりゃ一人だけ試験に落ちるのかなァ、とのん気に考えていたら、今

でも信じられない一言を、談春《オレ》は談志《イエモト》に向かって云ってしまった。

「寿限無の名前を云えばいいんですかァ？」

思いっきり語尾を上げて何の緊張感もない声音で談志《イエモト》に尋ねた。これには談志《イエモト》の方が驚いた。

「バ、馬鹿野郎、はじめからちゃんと演れ！」

「えー、お笑いを……」

「会話からだ、馬鹿！」

「こんにちは、こんにちは」

えーと、寿限無って誰がどこに訪ねてゆくんだっけ……ああ、そうだ、お寺に行くんだ、と思ったら何故か談春《オレ》は念仏を唱えだしていた。「ナムアミダブ、ナムアミダブ。おやどなたかな」「またァ、知ってるくせに。勘弁してくださいよ和尚さん」「いやァ近頃物忘れが激しくてのう……」「そうか、ボケちゃったんだね。じゃあ相談すんのよそうかなー」

「談春《おまえ》、何やってんだ」

何って、寿限無ですけど。勿論そんなことは談志《イエモト》に向かって云えないので心の中でつぶやくだけで実際は無言。「何やってんだ」と談志《イエモト》の問いかけたくなる気持ちはよくわかる。どう考えたって談春《オレ》が噺しているのは寿限無じゃない。それも当たり前で談春《オレ》は寿限無を覚えてないのだから。

「誰のテープで覚えた寿限無なんだ」

さあ困った、どうしようと頭では考えたつもりなのに、口をついて出た言葉は間髪を入れないほどに早く、確かで鮮やかな嘘だった。

「本で覚えました。申し訳ありません」

「本だからそういうことになるんだ。音で覚えろ。次、談々、踊ってみろ。ちゃんと踊れるものをやれよ」

談々が深川を踊りだす。どうやら談春《オレ》の落語の試験は終わったようだった。風景も時間も止まったように感じるモノクロの世界の中で、独りっきりで談春《オレ》は考えていた。

高校まで途中で辞めて、親の反対を押しきって、母親には特に嘆きをかけて……、修業だなんだと独り思い込んで、背伸びして突っ張って、周りの人間に迷惑ばかりかけたあげくの結果が、満足に覚えてもいない寿限無を天下の立川談志の前で演った。それもわずか一分足らず。その一分足らずに入門してからの四年間が集約されてしまったのか、と思ったらさすがに情けなく、悲しくなった。

そのあとのことは記憶にない。ひょっとすると唄わされたり、踊らされたりしたのかもしれないが本当に覚えていないのだ。

思い出すのは……談志《イエモト》が談春《オレ》達四人に向かって、

「まァ、合格ということだ」

とボソッとつぶやいたシーンから。

「勿論お前等もわかっているだろうが、歌舞音曲《かぶおんぎょく》はOKとは云えないが、今後の芸人人生においてその成果を発表する場合があるだろう。そのためにも今後も続けてゆくこと。唄や踊りが嫌いだという奴に伝統芸能をやる資格はないと談志《オレ》は思っている。条件つきではあるが、合格は合格だ。お前等よく頑張った。立川流家元としてお前達四人の二ツ目昇進を認める」

談春《オレ》の目の前に広がっていたモノクロの世界は消えて、元々の色が戻ってくる。更に全てのものが赤っぽいピンクへと色づいてゆく。合格《うか》ったんだ。二ツ目になれるんだ……。四人が四人共それぞれの己の世界で感激していたのだろう。無言でうつむいていた。

「談々、折角の祝いだ。ワインでも開けろや」

談志《イエモト》の一言で二ツ目になれるということが、決して夢でなく、現実なのだと改めて思い知る。赤ワインとグラスを談々が用意する。

「ワイングラスぐらいあるだろう。まァいい。一人ずつ杯《さかずき》を受けにこい」

なんと談志《イエモト》自らが四人一人〳〵のグラスにワインを注いでくれた。皆恐縮しきっているが、

「気にすることはねェ。二ツ目になった証だ。堂々と受けろ。いいか、談志《オレ》のところで二ツ目になったということは、他の二ツ目とはモノが違うんだ。それはプライドを持っていい。これからお前達は世の中へ向かって落語を語り込んでゆくんだ。決して落語だけを愛する観客達の趣味の対象になるんじゃねェ。

今後は自分達のために毎日を生きろ。まずとりあえずは売れてこい。売れるための手段がわからないと云うならいつでも相談に来い。教えてやる。本当によく頑張った。誉めてやる。二ツ目として認めてやる。おめでとう。乾杯」

立川談志が談春《オレ》の目の前で、誉めてやる、認めてやる、とまで云ってくれた。本望だ、辞めなくてよかった、心の底から喜びが湧き上がってきた。

「さて今後のことだが、我が立川流は寄席を持たんので、寄席の慣習を真似ることはないと談志《オレ》は思う。お前達の二ツ目昇進は三月三日、桃の節句からでどうだ。色

っぽくていいだろう」

四人共異論はない。大方の場合は寄席の興行の初日にあたる一日、十一日、二十一日（上・中・下席）と、一の日からなのだが、桃の節句を節目にというのは立川流らしくていい。

「次に、これは落語界の不文律ではありえないことだが、お前達に限っては、二ツ目の披露パーティー、披露落語会、共に盛大に派手にやれ。本来それらは真打になって初めて許されるものだが、現代においては真打というものの格を理解する客が根本的に少ない。あくまでお前達が相手にするのは世間であり大衆だ。談志《オレ》が責任を持つ、派手にやれ。世間が注目するイベントをお前達自身で企画しろ。知恵を使え。談志《オレ》の存在が必要なら喜んで協力してやる。わからないことは志の輔に相談してみろ」

丁寧にくどいほど談志《イエモト》に御礼を云って、四人で談志宅を出た。軽く一杯という話になった。皆興奮している。今晩は一緒にいたい。喜びを分かちあいたい。前座の身分で生意気に飲み会なんてという論理におびえる心配はもうない。談春《オレ》達は二ツ目なんだ。

いつものラーメン屋ではなく居酒屋に入った。ラーメン屋なら誰かに見つかっても、飯を喰ってましたという云い訳ができるが、二ツ目の談春《オレ》達は飲むために居酒屋に堂々と入れる身分なんだ。昨日までの自分達とは違うんだ。ビールで乾杯。笑顔、笑顔。いつもはおっとりしている談々ですら顔が上気している。一升酒飲んでもビクともしない男が、ジョッキ一杯のビールで耳まで真っ赤になっている。

「いやあ、今日ほど談志《イエモト》はさすがだと思った日は談々《オレ》はなかったネ。談春《ハル》が順番を飛ばされた時は、一瞬だけど、本当に談春《ハル》は談志《イエモト》に期待されているんだナと思ったよ。ところが、寿限無演ってみろと云われた時には談々《オレ》は思わず心の中で、うなずいちゃったよ」

嘘つけ、堂々とうなずきながら笑ってたじゃねェか。

「やっぱり子供の浅知恵は大人には通用しないもんだな。いい勉強になったろ」

張り倒してやろうかと思った。寿限無でいいよって云ったのは談々兄さんだろ。

「談春《おまえ》、ホイって云ったやろ。ホンマ驚いたワ。談志《イエモト》もびっくりしてたで。でも運の強い奴やナァ、大事な試験の当日に遅刻して、ありえんような忘れ物までして、結局合格や。あの状況で談志《イエモト》に向かって、寿限無の名前云えばいいんですかぁ？って、可愛い子供を演じやがって、ホンマ、談春《おまえ》はええ度胸やワ。関西《オレ》には到底でけへんワ」

もういい、わかりました。今日は何を云われても我慢します。確かに悪いのは全て談春《オレ》です。しかし、自分が悪いくせに我慢しますと云うところが反省の色が見えないって云われるんだろうな、と心の中でそんなことを考えていた。

「談々《オレ》はネ、名前を変えようと思う。朝寝坊《あさねぼう》のらく、になりたいんだ」

朝寝坊のらく、談々兄さんにピッタリだ。

「関西はどうするの」

「ワイもなんか変えようと思うてます。関西じゃあそのまま過ぎますやんか」

「立川浪花は」

「談春《おまえ》は黙ってい！　シバくぞホンマ」

そうか二ツ目になるということはそれを機に改名するのもＯＫなんだ。談志《イエモト》は、前座名は覚えやすいものがよいと常々云っている。嫌なら二ツ目になる時に手前で考えて決めろ、何でも好きな名前にすりゃいい、と。ま、圓朝なんてのはダメだがな、と冗談めかしていたが、名前に関しては極力本人の希望を優先してくれるめずらしい師匠だ。自分が欲しい名前をもらえず悔しい思いをしたことも影響しているのかもしれない。

皆と別れて下宿に戻り、独りジュースで乾杯。涙は出なかったが、腹の底から喜びが湧き上がってきた。冷蔵庫も、テレビもなく、本ですらほんの少ししかない部屋。あるのは落語のテープとラジカセだけだった。入門当初新聞配達をしていたが、新聞屋さんが借りてくれた部屋に図々しく居座って四年になる。自分一人しか知らない、誰にも云えない思い出が山と詰まっている四畳半一間の下宿。二ツ目になったらこの部屋とも別れるのかなァ、とボンヤリ視線を外したら、ちゃぶ台の上に今朝忘れた根多帳があった。手にとって読み直したら、二十一番目の欄にはっきりと寿限無と書いてあった。赤ペンでその欄を塗りつぶして、今後寿限無だけは絶対演らない、と心に誓った。そしてもうひとつの、二十二才までに二ツ目になるという誓いはどうにか間に合ったなと思ったら、涙が出た。

恥ずかしいが母親の顔が思い浮かんできた。

三月四日有楽町マリオンで二ツ目昇進披露落語会、三月十四日東中野日本閣で披露パーティーと正式な日程が出て、談春達四人《オレ》は目をむいた。

マリオン朝日ホールは通常座席数が七百弱もある大ホール。当時は落語に対するイメージは冷えきっていて、毎月行われていた談志《イエモト》の独演会ですら座席数三百の国立演芸場だった。そして国立の独演会が毎月札止《ふだど》めになっている状況を、落語界では奇跡だと云っていた。その現実の中で前座に毛の生えた程度の若手四人がマリオンを借りるということは正気の沙汰ではない。談志《イエモト》の意を受けた所属事務所社長の談志《イエモト》の実弟は、

「これは立川流全体としての祭りだから事務所としても精一杯のバックアップをする。もちろん君達もチケット売りには努力してもらう。大丈夫、面白いイベントにしてみせる」

と云った。しかし談春《オレ》達四人の感想は、それにしたってマリオンとは……というのが正直なもので、今までのお祭りムードは一遍で吹き飛んだ。今考えれば立川流という組織自体が世間で認知されておらず、ひとつひとつのイベントを成功させてゆくことが談志《イエモト》にも事務所にも必要だったのだろう。いくら談志《イエモト》の意向と云っても最終的にGOサインを出した実弟には談春《オレ》達は感謝しないといけない。ただし世間へと歩き始める第一歩のイベントで下手を打つようなことがあればダメージは計り知れず、やると決めた以上は絶対に成功させないといけなかった。この場合の成功とは会の内容、完成度のことではなく、とにかく満員にすることだった。若手四人

でマリオンを一杯にしたという事実が談春《オレ》達四人を、立川流を認知させるだけの価値を持つ時代だった。

それなのに、ああそれなのに……。

談春《オレ》はチケットをちっとも売らなかった。親類縁者、一族郎党《いちぞくろうとう》、どんなに集めても三十人もいやしない。それも母方だけ。父親は北海道から家出同然に出てきて一度も故郷へ戻らず、したがって親類付き合いもなし。中学、高校の同級生達は有楽町、銀座と聞いただけで埼玉から出向くことを脳が拒否する。それでも何十人も来てくれたことは忘れていないし感謝してるよ。恩師を含め、皆何をしてるのだろうか。もうそろそろ子供達も大学生になる頃だろうか。会いたいと思うが誰一人連絡すらよこさねェ、ま、談春《オレ》も電話一本しないのだからおあいこだけどね。会ったところで三十分も話せば飽きちゃうかもしれないしね。でもありがたかったと本当に思ってる。

もうひとつ大問題があった。

二ツ目になれば憧れだった黒紋付、羽織、袴、そして名入りの手ぬぐいを作らなければならなかった。手元に五万円しかなかった。築地の修業でいただいた五十万円の残りだったと記憶している。

で、談春兄貴、その五万円を元手に競艇でひと儲けして、紋付一式、手ぬぐいを作ろうと企んだ。親に頼めば別に嫌とは云うまいに、何を粋がったのか絶対に博打で勝ってやると思い込んだ。誠に若気の至りで御恥ずかしい。いや若気の至りというのは正確ではないか。若くたって、ちゃんとしてる人はちゃんとしてる。それが証拠に談々には一式お祝いに贈ってくれる後援者がいたし、志らくはおばあちゃんが特別に上等な品物をプレゼントしてくれた。馬鹿で粋がりの談春坊やは、己の伝説をつくるためになどと的外れにもほどがある情熱を燃やし、一路戸田競艇場へと向かったのであった……。

一日目、朝一番の1Rで堅い本命と思う舟券があった。配当は三倍。一点でブチ込めば十五万になる。全てOK、男度胸の一発勝負、目と出ればこれほど格好いい勝ち方はない。

よーし、と意気込んで穴場の前へ。いざ勝負、と思って一歩進もうとしたら体がピクリとも動かない。喉がヒリつき、目が眩《くら》む。ズボンのポケットの中で五万円を握りしめている手が、嫌な汗でジットリ濡れてくるのがわかる。

当時銭湯が二百六十円。近所の食堂でカツ丼が五百円。一日前座として働いてもらえるのが三千円。談志《イエモト》からいただけるお年玉が五千円。兄弟子達は多くが千円。新聞を朝夕刊配って集金をしないと月八万円。家賃が二万五千円。一点五万円は大勝負なのである。

それまで談春《オレ》は一点五千円単位ですら舟券を買ったことがなかった。五万円を五回に分けて一万ずつ買ったほうがいいんじゃないか、一発勝負でダメだったらあとはどうするんだ、いや、博打ってそういうもんだろう……。さあ、延々と誰も答えを出してくれない自問自答がはじまる。

この精神状態になってしまったら勝負する前に負けているということすら、当時の談春《オレ》は知らない。経験のない者がバランスをとろうとしても、知恵で凌《しの》ごうとしても良い答えが出てくるわけがない。生き残ってゆくための知恵と経験に長《た》けているベテランにとって一番の脅威が、リスクを背負い込む怖さを知らない若さ、エネルギーなのであり、どう傷ついても未来は明るいと思い込める無知さなのだから。終わらない自問自答、しまいには談志《イエモト》の顔まで浮かんできた。

百円の舟券も買わずにスタンドに戻る。放心状態でみつめていた水面では1Rが発走し、結果は予想通りの一番人気の本命決着、配当は三倍をちょっとオーバーした。ゴールした瞬間に全身の血管が拡がり、普段の何倍ものスピードで血が駆け巡ってゆく気がした。ブワーッと身体中から汗が噴き出した。

的中《あた》っていたのに買わなかった、ビビッて、逃げて、ただの百円も談春《オレ》は買えなかった……。博打でなく自分自身に負けたのだからあきらめて帰ればいいものを、スタンドの椅子に座ったまま最終レースまで独り自問自答を続けていた。次の日も、そのまた次の日も。

とうとう六日間連続朝十時から夕方の四時まで、毎日そんなことを続けた。ただの一レースも舟券を買わずに水面を見続けていた。何故そんなことをするのか意味がわからないと云う人は多いだろう。それ以前にそんな人間に興味も湧かないと云われるかもしれないが。当時の談春《オレ》にとっては大問題だったのである。

戦って負けたならまだしも、戦うことすらできなかった、博打で着物を揃えると決めたのはそれなりの覚悟の末のことだったのに、あまりの自分のだらしなさを認めることができなかったのだ。談春《オレ》は覚悟して決断したはずなのに行動はできない男だったんだ、と認めることからはじまる別の道もあるのだ、ということがわからなかった。それを認めてしまうと自分の全てを否定されてしまうように思い込んでいたのだろう。

もう博打で儲けるとか、着物を買うとかはどうでもよくて、とにかく五万円分舟券を買うことが談春《オレ》にとっては重要なことだった。人間なんておかしなもんで、五万円を失うのが嫌で舟券を買わなかったのに、今はその五万円が残っている現実が耐えられない。早く負けて帰ろうと思うが、イザという段になると今度は欲が出てくる。何もワザと外すことはない。どうせなら的中《あて》て着物が買えるに越したことはない。迷い、ためらい、レースはどんどん進んでゆく。その度に、また買えなかったと自己嫌悪する。それの繰り返しばかり。

最終日、最終レース。六日間トータルで六十レース目、ここで買わないともう買うレースがない。とうとう舟券を買った。三―五と五―三。競艇は連勝単式といって一着と二着を当てるゲームだからウラ目も必要なのだ。自分の予想とは全く違う大穴の舟券、とにかく自分の予想した目は買いたくなかった。その頃好きだった飲み屋の女の子の誕生日が三月五日だったので、三―五と五―三。金額は五千円ずつ二点で一万円。四万円残しているところが博才がない。

博打の才能とはいくら儲けたかではなく、いくら買えたかだと談春《オレ》は思っている。その意味では談春《オレ》は博打をやってはいけない種類の人間なんだ、と気づいたのはずーっとあとのことだけど。

結果は……的中《あた》った。大穴が来た。三―五で七十倍強の配当。三十五万円の払い戻し。プラス元金の残金が四万円だから、総額四十万弱になった。勿論そんな高額配当を手にしたのは初めてのことで、あまりのことに競艇場のトイレに入って談春《オレ》は吐いてしまった。

そのまま埼玉の戸田から練馬の大泉までタクシーで帰った。世の中に談春《オレ》より運の良い奴はいないと肩で風切って歩いた。今泣いたカラスが何とかだ。

腹一杯焼き肉を食べて、幸運の女神である女の子の働いている飲み屋で一番高い酒のボトルを入れようとしたら、馬鹿な金の使い方をするもんじゃない、としかられた。

翌日、初めて吉原に行った。大して面白くもなかったが、帰りにお姉さんが吉原のもんじゃ焼き屋へ連れていってくれた。あれは何だったんだか未だによくわからない。またタクシーで帰ってきた。遊び代は納得したが、タクシー代は痛かった。

翌朝、大家に叩き起こされた。家賃が一年分溜まっていると云う。三十万とられた。とられたって溜める談春《オレ》が悪いんだが。金は五万円しか残っていなかった。

戸田競艇場へ再び出陣。五万円一点勝負の結果はお約束通りにハズレ。父親の前に土下座して、着物を買ってくださいとお願いした。

六日間も自己と向き合い、悩み、迷い、恐れ、あきらめ、心臓バクバクさせながら、手にした四十万の末に残ったものは、ソープランド体験と焼き肉ともんじゃ焼きだけだった。馬鹿〳〵しい。

昭和六十三年三月四日金曜日。

有楽町朝日マリオンホールは、なんと満席だった。豪華ゲスト勢のお蔭《かげ》だったろう。談志、春風亭栄橋《しゅんぷうていえいきょう》、毒蝮三太夫《どくまむしさんだゆう》、山本晋也、高田文夫、桂文字助、立川談四楼。この晴れの舞台で志らくは短命《たんめい》、談春《オレ》は黄金《きん》の大黒《だいこく》、関西改メ談坊は反対俥《ぐるま》、談々改メのらくは三人旅を演った。

圧巻だったのは披露口上。ズラリ並んだ十一人はマリオンの大舞台にも負けない立派な陣容だった。口上の一部を再現してみる。

「皆様方には誠に僭越《せんえつ》ではございますが、ここに控えます四名の者、今度家元立川談志のお墨付きをいただきましてめでたく二ツ目昇進の運びと相成りました。立川談々改メ三代目朝寝坊のらく。立川関西改メ立川談坊。立川談春。立川志らく。これより御披露をさせていただきます。進行は桂文字助が務めます」

文字助師匠の折り目節目の正しい口調は本当に口上に合う。グレードがアップするような気がする。口上の最中主役の談春達《オレ》はずっと頭を下げっぱなしなので客席を見る機会はほとんどないのだが、文字助師匠の一言〜で観客が締まってゆくのが空気でわかる。

「それでは口上を申し述べさせていただきます。まずは立川藤志楼《とうしろう》こと高田文夫より御挨拶申し上げます」

緊張が最高潮に達した客席に向かって頭を上げた高田先生が開口一番、

「ああーくたびれた」

大爆笑をとる。

「なんですね、ずーっと頭下げっぱなしで口上ってのは拷問みたいなもんですね。気の弱い犯人なら自供しちゃいますよ」

客席の空気が目一杯緩む。こうなったら高田ペースだ。

「えー、のらくさん頭がハゲてます。三十三才で立派な二ツ目、おめでたいじゃないですか。談坊さんは関西弁です。コチトラエドッコダイっておもいっきり訛《なま》ってました。勉強になりました。談春は高田《ワタシ》とカラオケ友達です。高田《ワタシ》がチューブとサザンをガンガン歌ってるのに談春が歌うのは、おゆきですよ。今時、内藤国雄ですよ。談春《おまえ》はどんな二十一才なんだ。それから志らく。こいつは高田《ワタシ》の大学の後輩ですが、ただの馬鹿です。ハイ、口上終わり」

大爆笑、大拍手。グレードの上がったはずの口上が、あっという間に最初よりグレードが下がっちゃった。

続いて毒蝮三太夫。談志《イエモト》の無二の親友。立川流一門は上から下までお世話になっている。

「この四人よく頑張ったと思います。談志のところで務まれば何処へ行っても大丈夫です。ヤクザも逃げ出す立川流の修業……」ではじまり、「ここにいらっしゃる皆様方のお幸せと、いない奴等の不幸を願いまして毒蝮三太夫の御挨拶と致します」おなじみの台詞で次へと続く。

山本晋也監督は、「自分の助監督時代でも、こんなにつらい修業はなかった。それを耐えての今日ですから、四人のガッツは素晴らしい。歳は若いかもしれないが大丈夫、この四人は自分達でどうにかなるから、放っといてください」と云ってくれた。

談四楼師匠は四人がまるで自分の弟子のように、「四人をよろしくお願い致します」と深々と頭を下げてくれた。談四楼師匠は談春《オレ》達四人のコーチ役を自ら買って出てくれ、本当に世話になった。根多も教わったし、談四楼師匠の下北沢の独演会では談春《オレ》達も一所懸命働いた。下北沢商店街に飛び込みで切符も売り歩いた。談四楼独演会は談春《オレ》達にも勉強会の意味があって、大きな根多も演らせてもらえた。色んなことが思い出される……。

「続きまして落語芸術協会より、春風亭栄橋、御挨拶申し上げます」

文字助師匠の紹介で会場がどよめく。大拍手……。

春風亭栄橋。談志《イエモト》の後輩で、談志《イエモト》は昔から栄橋師匠のキャラクター、個性を買っていた。笑点のメンバーに推薦したぐらいだ。三代目桂三木助の弟子で軽い芸風に根強いファンは多いが大病を患った。パーキンソン病。当時は治る見込みのない難病だった。その難病を戸塚ヨットスクール校長、戸塚宏氏が治せると云い出した。談志《イエモト》を通じての話だ。どうせ治らないなら洒落でヨットに乗ってこい、談志《オレ》の弟子を付き添いに付けるからという申し出を、栄橋師匠は断らなかった。栄橋師匠の魂が現役の落語家であった証拠である。断りゃ、洒落のワカラナイ奴だと判断される。堅気の人間なら、魂が病気なら断っただろうが、春風亭栄橋、「ようがしょ」と戸塚ヨットスクールに乗り込んだ。談春《オレ》達四人が交替で付き添い、その期間一か月。一部始終をドキュメンタリー番組が追いかけた。世間の同情が集まった。落語家としての了見と、病人栄橋を応援する世間の好意の間で、バランスをとるのに栄橋師匠は苦労したことだろう。当たり前と云えばそれまでだが、病は治らなかった。しかし栄橋師匠の基礎体力はアップし、心は元気になったらしく、ポツポツと高座に復帰するようになった。

その栄橋師匠が突然、単身マリオンの楽屋に照れくさそうな笑顔で現れた。驚く談志《イエモト》、談春《オレ》達に向かって、

「前座《おまえ》さん達には世話になったから……かえって迷惑かい」

と云った。とんでもない、ありがとうございます、ということで口上のサプライズゲストとなった。

「えー」、栄橋師匠の声が擦《かす》れてふるえている。パーキンソンの症状だ。観客全員が耳をそばだてる。「この四人とアタシわ――」、ここで間《ま》。客全員前のめりになる。「ヨット仲間なン」、ですは云わない。江戸弁、栄橋師匠の美学であり三木助師匠の口調なのだ。ザワザワとした笑い声が時間をかけてひとつになり爆笑へと変化してゆく。談志《イエモト》が初めて笑った。

「こちらにいらっしゃる談志センセイが戸塚ヨットスクールを紹介してくださって、その時付き人で来たのがこの四人なン。栄橋《アタシ》がヨットから落っこちて海でもがいて

いると、助けるふりを足を引っ張って沈めようとしたのが四人なン。本当は一番可哀そうなのはこのアタシ《栄橋》なン。この四人はどうでもようがすから、栄橋《アタシ》をよろしくお願いします」

と云ってお辞儀をしたら驚くほどの拍手と笑いがあった。毒蝮さんが小声で、

「だから栄橋を出しちゃダメなんだ。皆喰われちゃう」

と云ったのがおかしかった。

「結びに立川流家元、立川談志より一言申し上げます」

「御来場で感謝でございます。二ツ目にした基準は落語の数、内容、つまり技術です。それを談志《アタクシ》が認めたということです。やがてはそこへオリジナリティを加えてゆく、まだそこまではいってませんが、そうなってほしいと思っております。談志《アタクシ》は厳しいですから四人の他に二十人近くが辞めております。それを乗り越えて今日を迎えたということは、何処へ出しても恥ずかしくはないと自負しております。立川流には談志《アタクシ》をはじめ各界の一流人が、色々な角度から小言を云ってくれます。当人にそれを受けとめるだけのやる気とアンテナがあれば、何処で修業するより立川流が良いと思っております。

落語家は伝統を語っていかなければいけません。当人の段階に応じた伝統を、落

語を語ってゆく。そしてウケる根多を作ってゆく、それをこれからやってゆくのです。そして、最後には己の人生と己の語る作品がどこでフィットするか、この問題にぶつかってくると思います。それまで、この三年、四年、五年、がむしゃらにどんな世界でもよい、かきまわしてこいと教えたつもりです。

問題は古典落語が一般的にあまりポピュラーではないということです。落語さえ上手ければ何とかなるという時代ではない。だからこそやり甲斐があるのです。落語に己の人生をフィットさせて、俺がつくった夢金だ、大工調べだと云えるようになってほしい。落語はもはや伝統ではありません。個人です。演者そのものを観に来る時代になっているのです。

最後に、二ツ目がこのような場所、会をやるのは昔流に云えば、おこがましいということになるのでしょうが、そこはそれ、こんな形式があってもよいのではないかとお許しを願う次第でございます。

云っておきます。お前らは上手いです。よく頑張った。他の馬鹿共に負けるな。それから……あまり落語家と付き合うな。よろしく御贔屓《ごひいき》、お引き立てをお願い致します」

その後三本締めで幕。

口上のあと、トリで上がった談志《イエモト》は開口一番、

「今日は弟子の客というか、普段あまり落語と馴染みのない観客と、永年《ながねん》談志《アタシ》だけを楽しみに追いかけてくれる人が混ざっていて、何を演ればいいのかわからないんで、今、電車の中で覚えたばかりの噺を演ります」

何を演るんだろうと観ていた。根多はなんと、包丁、だった。おそらく根多おろしだろう。六代目圓生師匠の十八番である。若き日の談志が自分の独演会で根多出ししたが、酔って小唄を唄いながら女を口説くシーンがどうしてもできず、圓生師匠に頼みこんで、自分の独演会なのに代演をしてもらったという伝説を持つ噺。

聴いていて鳥肌が立った。弟子の祝いの会なのだ、手慣れた十八番の根多で観客を爆笑させることなど簡単だろうに、談志《イエモト》はそれをしなかった。落語と向き合ってゆく姿勢、喉の良くない談志《イエモト》が、勿論圓生とは違うアプローチでだが、唄っている。噺家にとって歌舞音曲の大事さ、それら全てを談春《オレ》達に伝えようとしている。ドキュメントで見せてくれている。

これが立川談志なのだ。

後年、真打昇進をかけ談志《イエモト》の前で演った根多は、談春《オレ》も志らくも、包丁、だった。

昭和六十三年三月十四日。

東中野日本閣で二ツ目昇進披露パーティーが行われた。パーティーで人を集めるのは落語会よりも、もっと難しい。まず第一に落語会より入場料が高い。その上に談志の落語がない。二重苦だ。会費は一万円だったか、一万五千円だったか、破格の安さだった。更に会費だけで充分、御祝儀《ごしゅうぎ》は結構、と談志《イエモト》の一言が書き添えられた。

その甲斐あってか二百名ほどの人が集まってくれた。料理は稲荷寿司に海苔巻きのオンパレード。客も驚いたろうが、日本閣だって儲かってはいない。わずかに出てくる揚げたての海老の天ぷらに客が群がる。壇上から見てて面白かった。天ぷらの屋台と一緒に客が大移動するんだもの。

主賓《しゅひん》は立川流顧問、色川武大《たけひろ》先生。あの巨体で壇上に上がると、

「のらくさん、談坊さん、談春さん、志らくさん、そして談志さん、今度はおめでとうございます」

とても優しい声で話しはじめた。

「残念だけど、色川《ボク》は皆さんが真打になる姿、出世した頃には、この世に居ないと思います……」

と云う色川先生の台詞に、談志《イエモト》が、談春《オレ》達の方を見て首をかしげた。そんなことないよナ、という意味だったのだろうが言葉通り、色川先生はその一年後に亡くなった。

「皆様方に感謝の気持ちをこめまして、新二ツ目四人が余興を御覧に入れます」

文字助師匠の台詞をきっかけに会場暗転。

舞台にスポットライトが当たると、四人が黒紋付姿で浮かび上がる。そのまま奴さんを踊る。あの二ツ目試験の際の唄と踊りはあまりにひどかった、というので、もう一度きちんとやろうと相談がまとまり、改めて踊りのお師匠さんのところへ稽古に行ったのだ。四人は至って真剣、マジなのだが会場は大爆笑。その中で踊りのお師匠さんだけは、あふれる涙をハンカチでぬぐっていた。余程情けないのかと思ったら、あとで、みんな立派だったわよォと云ってくれた。踊りのあとは、懐《ふところ》から日の丸のハチマキを取り出して頭に締めた。伴奏が流れてくる。

談志《イエモト》の大好きな戦時歌謡、守備兵節と江戸っ子部隊長を歌った。これはヤンヤの喝采。志らくのアイディアだった。

続いて暗転の間に着物を脱ぐ。下にはTシャツとデニムのショートパンツ姿。ローラースケートを履いて、その頃流行りの光GENJIを真似て四人でガラスの十代を歌い、ローラースケートで滑る。これは談坊のアイディア。バカウケだった。この日のために何度も後楽園のスケート場に通った甲斐があるというものだ。

全て終わって会場明転。

談志《イエモト》がニコニコしながら壇上へ。小声で談春《オレ》達に向かって、やりぁがった、やりぁがったなと云ってくれた。

「談志《オレ》を喜ばそうとやったこの余興、誉めてやります。お前達の好意に感謝します。生意気ですがこの四人はきちんと仕込んだつもりです。どうか可愛がってやってください」

と土下座。談春《オレ》達も、そしていつの間にか後ろへ並んでくれた一門全員も土下座してくれた。三本締めでお開きになった。談志《イエモト》が談春《オレ》達に向かって、

「ローラースケートはいいアイディアだ。テレビ局へ売り込みに行ってこい。お前等売れるかもしれん」

談志《イエモト》は光ＧＥＮＪＩを知らなかった――。

揺らぐ談志と弟子の罪——立川流後輩達に告ぐ

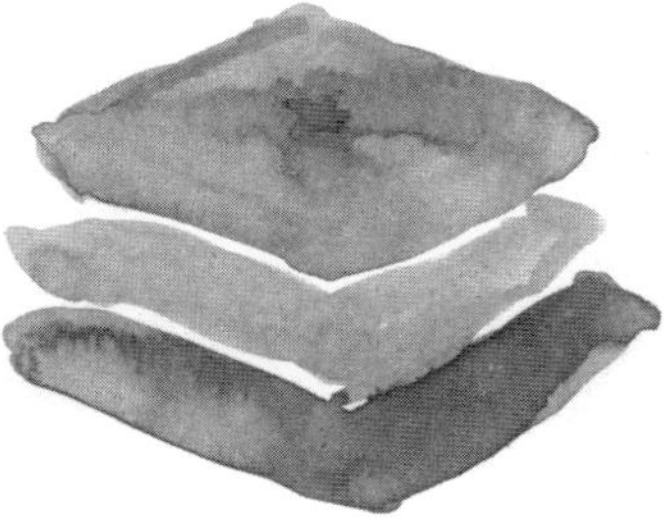

平成十九年夏、立川流では大量九人の二ツ目が誕生する。談志直門《じきもん》が四人、左談次、談幸門下から一人ずつ、志らく門下が三人。

噺家は皆異口同音《いくどうおん》に、真打より二ツ目になれた時の方が嬉しかった、と云う。談春《オレ》もそうだった。前座という個としての自由も権利も認められない状況、ただひたすら寄席という世界で労働力としてしか必要とされない現実の中で暮らす毎日。それを打破する手段、行動を起こそうとしたところで何に向かって歩めばいいのか、誰に認めてもらえば二ツ目になれるのか、一切の方針、基準を示さない「協会」という名の組織が落語家の集団、親睦団体なのである。年功序列で順番に時が来るのを待っている前座達の中には従順に組織の中に染まっていく者、自分の理想とのあまりの違いに腐ってゆく者、様々だろうが、このシステムを改革するために戦った前座は一人もいない。前座は修業期間中なのである。修業とは矛盾に耐えることである。と談春《オレ》に教えてくれたのは談志《イエモト》だったが、具体的にしかも簡潔に言葉にして教えてくれるのは立川談志だけでも、言葉を持たない他の師匠連達も入門時にこれだけは必ず云う。

修業はつらいよ、上の者が白いと云えば黒いもんでも白いんだよ、できれば噺家になんかなるもんじゃないと。そして入門志願者も口を揃えて必ず云う。大丈夫です、耐えてみせます、覚悟してます、何でもしますから弟子にしてください……。戦わない、逆らわないという覚悟を持って入門する。

立川流においては創設当時から二ツ目になる基準が明確にある。古典落語の持ち根多を五十席、前座の必修科目である寄席で使う鳴り物を一通り打てること、歌舞音曲を理解していること、講談の修羅場を読めるための基本的な技術を積み理解すること、であった。それらの全てを談志《イエモト》が聴いて判断する、というものである。

立川談志というカリスマを納得させれば二ツ目になれる、そのうえクリアしなければいけない科目は明確に示してある。目標に向かって努力しないのは当人のやる気の問題で、現実に立川流創設後第一号弟子の志の輔は二年弱で二ツ目になった。談志の基準をクリアした。志の輔は三十才に手が届こうとする高齢、しかも女房持ちでの入門という己のハンデを冷静に認識、判断し、解決するための行動を起こした結果、スピード出世での二ツ目昇進となった。芸事は若いうちからスタートするものという不文律があった当時は、入門が遅いというだけでハンデになる時代だった。志の輔の個人的事情は、世間は全く関係がない。マスコミが興味を示すのは、談志が立川流をつくって最初の二ツ目は、二年弱のスピード出世、しかも三十才、脱サラ、寄席での修業経験ゼロという事実のみ。能力と努力と情熱さえあれば、前座でも己の力で前へ進める、というシステムをつくった立川談志の「改革」には鈍感だった。敏感に反応したのは他団体の前座達だった。五年、六年と続き、いつ終わるかわからない前座修業、ごく普通の感性を持った若者なら当然のごとくネガテイブになる。そこへ持ってきて志の輔のスピード出世の報、嫌ンなったって無理もない。

立川流が正で他が否、と云うつもりは毛頭ない。今になって、自分が四十になってわかることだが、立川流落語会と仰々しい名称で我々は存在、活動しているが、所詮は談志一門という少数派なのである。全ての基準、価値観を談志に委《ゆだ》ねる、という統一された連帯感があるから立川流を維持し運営してゆくことができるが、たとえば落語協会で立川流と同じことをやったらどうなるか。とても保《も》たないだろう。柳家、三遊亭、古今亭、林家、橘家《たちばなや》などそれぞれの一門の集合体である以上、それぞれの価値観があり、それを統一するカリスマはいない。統一しようとする我欲《がよく》に満ちた人間も出てこない。出てくりゃ面白いけど。早い、遅い、という個人〳〵の不平不満はあるだろうが、落語協会員の噺家で二ツ目、真打になれなかった者は一人もいない。芸術協会も同様だ。全ての者を、寄席という修業の場で一人前に育て上げたのである。誰にも文句を云われる筋はない。年功序列で何が悪いと云われたら、少なくとも談春《オレ》は返す言葉を持たない。その通りだと思う。経験も興味もないから適当なことを云うのかもしれないが、大組織を維持してゆくとはそういうことなのだろうと思う。それ以上はわからないし考えない。

立川流のことは考える。九人同時二ツ目昇進という事実を前にし、改めて考えたい。

まず自分の弟子に伝える。談春一門においては、二ツ目昇進基準は立川流創設当時のものをそのまま当てはめる。

古典落語を五十席覚えること。そのレベルは談春《オレ》がＯＫすればよし。鳴り物も同様だ。更に精進すること。立川流鳴り物部隊になれ。次に講談、修羅場が読めるようにならないといけない。とんでもなく難しいことだが、その分だけ自分の芸にとんでもなくプラスになるのでやれ。唄と踊りについてはお前達が唄や踊りを好きなんだと、談春《オレ》に感じさせれば合格。楽しそうに唄ったり、踊ったりすりゃいい。歌舞音曲を好きになるということは、落語という伝統芸能を語る上で、必要不可欠なものである。以上の条件を満たしたら、談春《オレ》が談志《イエモト》に許可をもらってやる。我が一門に関しては、談志《イエモト》の許可を受けるための試験に参加する権利は一回限りとする。二度目はない。絶対に誤解をしてはいけないことだからあえて云うが、談《イエ》志《モト》は落とすために試験をしているわけではない。だから落ちることは許さない。そして落ちる可能性がある段階で、談春《オレ》は試験を受けさせない。だから安心してよい。試されているのはお前達ではなく談春《オレ》なのだ。談春《オレ》が緊張してきた……。

立川流二ツ目昇進試験の模様をレポートする。

場所は上野。鰻の老舗《しにせ》伊豆栄《いずえい》の別館梅川亭と決まっている。この家の大広間には舞台があるからだ。大広間には料理の載った御膳が三つ。正面に談志《イエモト》が鎮座ましまして、右隣には吉川潮《よしかわうしお》顧問が陣取り、左隣は野末陳平《のずえちんぺい》さんがいたりいなかったり。談志《イエモト》の、はじめろの一言で、過去あまたの前座達が、唄い、踊り、講談を語り、散ってきた。梅川亭の大広間の舞台は、立川流前座達の嘆きの丘と呼ばれている。それほどまでに談志《イエモト》は前座達にNOと云い続けてきた。

何故に談志《イエモト》はNOと云い続けるのか。落とすための試験ではない、と談春《オレ》は書いた。それは事実だと思うのだが。

一度だけ試験のライブビデオを見せてもらったことがあるが、その内容はひどいものだった。談春《オレ》が審査員でも合格とは絶対に云わない。どんな了見で試験を受けているのか、どう考えても理解できなかった。何人も、何人も続く前座達の発表会を見ながら談志《イエモト》の酒量が増えてゆく。酒の量に反比例して、談志《イエモト》の顔から血の気が引いてゆく。視線を落として、ダメ、不合格とつぶやいた談志《イエモト》に向かって一礼したあと、またよろしくお願いします、と云った奴がいた。談志《イエモト》とコミュニケーションをとる機会が少ない孫弟子ならまだわからなくもないが、十五年近く弟子をやっている直門の男である。二度も三度も破門になり、談志《イエモト》はじめ一門の兄弟子達の温情で復帰がかなった奴である。どこをどう押すとそんな台詞が出てくるのか理解できなかった。彼にとっては中間報告ぐらいの価値しかない試験なのだろうか。

彼らは彼らなりの準備と情熱を持って試験を受けるのだろうが、ビデオ画面を通しても彼らの努力の方向性が違う方へ向いているのが伝わってくる。大体、再試験があるというシステムそのものがおかしい。十年かけて司法試験に通りました、と云うのなら世間も認めるのかもしれないが、落語家が師匠の許可をもらうのに、試験に合格するのに十年かかりました、なんて同情できるか。談春《オレ》が親なら落語家をあきらめさせる。どうしても続けたいと云うなら、合格する自信を持てるまで試験は受けさせない。そして試験当日には、必ず合格してこい、ダメなら談志と刺し違えてこい、骨は拾ってやると云うだろう。

何年前だったか、一門新年会の席で志らくの弟子のらく朝《ちょう》が一門全員の前で二ツ目昇進をかけての試験を受けたことがあった。皆の前で唄ったが、とてもじゃないが聴いてられない代物だった。談志《イエモト》が、もういいと云ったが、らく朝は叫んだ。他の唄も聴いてください！　ふたつ、三つと続けて唄ったら、談志《イエモト》がリクエストした。それに応えて、らく朝が必死に唄う。上手くはないが唄うことは唄う。談志《イエモト》が身を前へ乗り出すのが見えた。わかった、次は踊ってみろ、と云われたらく朝は懸命に踊った。この、らく朝という男、本職は医者で素人だったが落語好きで、金払って、志らくに落語を教わってたが、本気で医者と両立したいと願ってでた変わりダネだ。らく朝のあとで、当時は破門されていた今回二ツ目に昇進する弟子達が再入門を、復帰を認めてもらうために唄い踊った。見終わったあとで談志《イエモト》は苦笑いしながら、俺にはわからん、弟子達《おまえら》で決めてくれと席を立った。残された真打の中で、ぜん馬師匠が発言した。

「志らくの弟子の踊りと唄は、下手な素人だ。でもそれ以外の奴等は素人以下だ」と云った。談春《オレ》は名言だと思った。これ以上的確に彼らを表現する言葉はないと思えた。次に意見を求められた志の輔兄さんが、

「ぜん馬師匠のおっしゃる通りですが、談志《イエモト》がまかせると云ったのは、できれば復帰させてやってほしいという意思表示のような気がするのですが……」

と云った。真打全員の総意として、らく朝の二ツ目昇進、破門されていた者達の復帰を認めるという結論に達し、それを談志《イエモト》に伝えた。復帰を認められた者達の御礼の言葉は、らく朝一人の、ありがとうございましたという叫び声にかき消された。拍手が起きたその中で一番ホッとした表情をしていたのは、談志《イエモト》だった。変わりダネではあるが、らく朝が落語家として認められた一瞬だった。

途中退席、という談志《イエモト》の行動に批判はあるだろう。師匠としての責任をどう考えるんだ、と。しかしこれが立川流の特徴なのである。

立川流の特徴。それは談志《イエモト》が揺らぐ人だということである。

前記した二ツ目、真打になる基準が変わったということについて書く。本当は変わってはいないのだが、話をそこまで戻さないとわかってもらえないかもしれない

ので。

落語家である以上、落語ができなければお話にならない。当たり前の話だが落語ができればそれでよしというものでもない。

志の輔、そして談春《オレ》達が二ツ目を目指していた頃は、落語五十席覚えろという基準はインパクトのあるものだった。世間に対して立川流をつくる、談志《オレ》は家元だ、と叫ぶ以上、インパクトのある基準が談志《イエモト》には必要だった。世間には落語家が弟子から上納金をとるという事実の方が面白かったようだが。志の輔はその基準を二年弱でクリアしてしまった。そして二ツ目になった以後も順調に育った。順調と片付けてしまうのは志の輔兄《アニ》さんに失礼で、ＴＶ番組のレギュラーまで勝ち取ってみせた。若手落語家など誰にも相手にされなかった時代にである。談志がつくり育てた落語家は立派に通用することを証明してみせた。立川流にとってその功績は大である。

さあそうなると、次の談春《オレ》達も注目される。次の奴等は何年で二ツ目になるんだ、どんなことができるんだ、談志が認めるのだから並じゃあないんだろう、となる。今度は四人同時の二ツ目で、それぞれ個性的でビジュアル的にも変わってた。三十過ぎの頭のハゲたおじさんの談々。大阪から出てきてコテコテの大阪弁の関西。

二十《はたち》そこその少年ぽい談春。高田文夫が才能を認めた志らく。四人並べばとりあえず一瞬だけでも人目は引く。二ツ目にあるまじき真打に劣らない派手な披露目もやった。こいつらはきちんと仕込みました、そこいらの馬鹿な噺家共とは違います、と談志《イエモト》も云ってくれた。

さて、問題はそのあとである。

志の輔があまりに優秀だったためにあとに続く者達は大変になる。本来なら志らくも二年弱のスピード二ツ目昇進だったが、志の輔という前例があるのでそれほど目立たない。ましてや四人同時の二ツ目昇進だったので、志らくばかりにスポットが当たることはない。志らくは悔しかったかもしれない。

談志が認める二ツ目は並ではない、という世間の評価を、当たり前だが談志《イエモト》は大事にしようとした。

二ツ目昇進の基準が厳しくなった。

志の輔から志らくまでの二ツ目昇進の際にはなかった入念なチェックが始まった。通り一遍で済んでいた歌舞音曲の基準が変わったのである。談春《オレ》達の負の遺産まで後輩達は背負わされることになった。それは事実である。現在の基準で当時の談春《オレ》が一発合格で二ツ目になれる自信は、正直云ってない。談春《オレ》が真打昇進をかけて談志と観客と山藤章二《やまふじしょうじ》顧問の前で踊った際、舞台袖で見ていた後輩は、つぶやいたそうだ。「本当にその踊りで真打になれるんだな」と。談志《イエモト》は苦笑してなかったことにしてくれた。それくらいひどかったと自分でも思う。ならば、談春《オレ》は幸運で後輩達は不運なのか、と云うとそれは違う。

今の前座、二ツ目達は（くどいようだが談志直門の）あまりに知恵がない。

知恵で真打になった例に立川談笑がいる。彼は前座や二ツ目が何度受けても受からない歌舞音曲の試験を早々にクリアした。談笑という男、大柄でどう見ても、踊りが上手そうには見えない。しかし、並みいる先輩達を抜いて、真打になった。決め手となったのは旅姿三人男を当て振りで踊ったことだと他所《よそ》から聞いた。そのセンスを談志《イエモト》が認めたらしい。勿論、談笑の落語に向かう姿勢を認めたからこそのOKだったのだろうが、とにかく談笑は真打になった。

談志《イエモト》を喜ばそうと考え、行動した談笑を談志《イエモト》が認めたということだ。他の者は皆真面目で懸命に唄を習い、踊りを覚えるために稽古に通っているらしいが、そんなことは無駄なことだ。唄や踊りのお師匠さん方がよしとする正しい型を、談志《イエモト》はおそらく求めていない。寄席の踊りや寄席の唄を求めているのであって、そんなものまで教えられるお師匠さんなどそうそういないだろう。たとえば極端だが、人間国宝がＯＫしても立川談志がよしとするとは限らない。試験官である談志《イエモト》の基準がわからないのなら、どんなに優秀な教師がどんなに情熱を持った生徒に教えても試験に通るわけはない。中には立川志遊《しゆう》のように堂々と踊りの試験をパスしてしまった才能の持ち主もいるが、そんなことはごく稀《まれ》だ。試験を通らないと二ツ目、真打になれないのなら、通ることを第一に考えるべきだ。真正面から突破できればそれに越したことはないが、それがダメなら次の手段を考えなければ先へは進まない。談《イエ》志《モト》は揺らぐ人だから試験の基準が毎回変わるんでどうしていいかわかりません、という気持ちは理解できないこともないが、試験の科目が変わるわけではない。そして弟子は皆、平等に出世してほしい、と願う談志《イエモト》の心情は永遠に変わらない。むしろ試験を受ける立場の人間のモチベーションの方が状況に応じて変化してしまうことが多いのではないか。重ねて云うが、談志《イエモト》は揺らぐ人なのである。ならばその揺らぎを自分にプラスに利することはできないか。唄や踊りのために落語家になったわけではないだろう。唄や踊りで談志《イエモト》を喜ばせればいいんじゃないのか。その喜ばせ方に試験を受ける者それぞれの個性があれば談志《イエモト》は認めてくれる、と談春《オレ》は思う。長くやってりゃ踊りは形にはなる。ということは長くやらなきゃ形にはならないということで、形にはならない部分をどんな知恵で補《おぎな》ってくるか、を談志《イエモト》は試しているのではないか。談志《イエモト》を喜ばす知恵を絞れない弟子は、それはやっぱり罪だと思う。

二ツ目昇進が決まった者達は、今が我が世の春だろう。嬉しいだろう。どんなはしゃぎ方をしてもよいと談春《オレ》は思う。でもスタートラインはまだ先だ。真打だ。頑張ってください。

真打を目指している人達へ。

もう時間がありません。立川流の落語家である以上、己の真打昇進のイベントを少しは世に問うものにしたい、と皆思っているでしょう。準備期間を考えれば、一日も早く談志《イエモト》から真打のお墨付きをもらうべきです。立川談志だっていつかは必ず死ぬのです。あと十年生きる保証はどこにもありません。己の晴れの日の口上に、談志《イエモト》が並んでくれない状況を真剣に想像するべきです。談志《イエモト》が認めてくれなくて何のための真打か。何のために今まで頑張ってきたのか。耐えてきたのか。もっと云えば談志《イエモト》亡きあと、誰の責任であなた方を真打ですと世に披露するのか、問うのか。そんな真打になったところで嬉しいのか、意味があるのか、メリットがあると思うのか。

今回の二ツ目昇進で、立川談志の直弟子の前座は一人もいなくなりました。
この現実をどう受け止めるか。立川談志がひとつの部分を整理しはじめたと考えるのは、あまりに悲観的すぎるでしょうか。最初に整理したのが前座達だったという事実をどのように考えるかはそれぞれでしょうが、弟子も、そして談志ファンだって何かを感じるでしょう。真打を目指す当事者である皆さんが、何か行動を起こすべきでしょう。
談春《オレ》には、立川談志の揺らぎが左右から前後へと変わってきているように思えてなりません。
秋へ向かって新二ツ目がそれぞれ頑張りだすと思います。彼らの名前をどこかで目に留めたら応援してやってください。
平成十九年七月一日をもって、立川流落語会は以下の者を二ツ目に昇進させる。
立川談志門下
　立川キウイ、立川談大、立川千弗改メ泉水亭錦魚、立川平林
立川左談次門下
　立川フラ談次改メ立川談奈
立川談幸門下

立川吉幸
立川志らく門下
立川らくB改メ立川らく里、立川らく次、立川志らべ

誰も知らない小さんと談志——小さん、米朝、ふたりの人間国宝

古典落語には〝冬の噺〟に名作が多いと云われている。

寒さは貧乏を際立たせ、共感させ、少々無理なシチュエーションまでをも納得させる力を持っているからだろう。次に、正月、元旦に日本人全員が一斉に歳をとるという風習が過去にはあり、それによって大晦日も新年も現代では想像できないほど神聖な儀式だったのだと思う。

今年は悪い年だったと嘆く人には、「いつまでも過ぎたことを、グズグズ云うねェ。除夜の鐘と一緒にきれいサッパリ忘れちめェ」であり、「良いことばかりあるわけじゃねェだろうが、悪いことばかり続くと決まったもんでもねェよ。明日になりゃ一陽来福《いちようらいふく》だ。生まれ変わってやり直しだ」となる。

忘れる、やり直せる、生まれ変わって幸せになれる。みんなが信じるなら自分だってそう思い込んでも恥ずかしくはない、と救いにすがれる時代だったのだろう。

富久《とみきゅう》でも芝浜でも、文七元結でもツイてないと拗《す》ねてあきらめかけている人間が(ツイていない要因は全て自業自得とも云える三道楽、つまり、酒、女、博打に自分が入れ込んでしまったあげくのことなのだが)、神様の気まぐれとしか云いようのない与えられた幸運、偶然でハッピーエンドを迎える。

これがまた落語の凄いところだと思う。改心して、努力して、必死に懸命に生きた結果、つかんだささやかな幸せ、なんていう話は、ただのひとつもない。

いきなり大金拾っちゃったり、富《とみ》くじ（現代の宝くじ）の一等が当たっちゃったり、はっきり云って滅茶苦茶、出鱈目《でたらめ》なのだ。

「人は救われる。信じていれば大丈夫」というメッセージしかない。「信じるという行為には、とてつもなく力がいるのだよ」という教えすらない。


余談だが、過日、福田和也氏との金沢美食の旅に同行してくれた藤原氏（と云っても別に貴族の出ではないらしい。投資の世界では大変な人だそうだ。優しい人だが、面構《つらがま》え、特に表情の読みづらさは、やはり博打の世界に生きる人のそれだった）が、

「相場の神様ってやっぱりいるんです。こんな話をすると福田さんは嫌がるんですがね。相場の神様は、人を出し抜く、ずるさを主とした才能は許さないんですよ。たとえば予測不可能なアクシデントが起きて、世界的な株安になったとします。それを本当に神がかり的な才覚で売り抜いて最小限のダメージで済ます、あるいは逆にプラスに転じたとしますね。そんな人間は後《のち》にとんでもない目に遭います」

「実例があるんですか」

「J・F・ケネディの父親がそうです。当人はプラスのまま人生を終えましたが、息子達は御存知の通りです。相場の神様は、負ける時は潔《いさぎよ》く負けろ、と云ってるんですね」

「神様に選ばれた人間という存在は実在しないんですか」

「います。僕もその一人だと思っています。でもね談春さん、世界的に大富豪と呼ばれるようになった人達は必ず一度失敗しているんです。それも大失敗です。当時の彼らにとっては、それこそ生きるか死ぬかという瀬戸際まで追い込まれています。神様はとんでもない数の人間の中から、本当にごく少数の人間を選びます。そんな人間達に最初に与えるのは試練なんですね。株に対する才能も情熱も認めてやろう、株の世界で生きてゆくというお前の覚悟もわかってやろう。だが、お前の覚悟以上の試練に直面した時にお前はどうするってね」

「経験がありますか」

「ええ、悩んだ末の決断で、買ったその瞬間から、まるで私を待っていたかのように下がりはじめました。一分間に数千万円ずつ損してゆくんです。私は他人のお金を運用しているんですから買いも大きかった。だから一分ごとに数千万円のマイナスなんです。煙草をくわえて、呆然とパソコン画面を見てたら、ザッ、ザッと音がするんです。周りを見ても何も変わったことはない。よく考えてみたら自分の血の気が引いてゆく音だったんです。初めて負けました。現在どうにか生きていますが、人生で勝ち逃げ、只もらいは絶対に存在しません。どんなに才能があっても使いどころを間違えると、ひどい目に遭います。負ける時はみんなで負ける。ただし勝ちにまわった時に他人より多く勝つ。その差ですね。分かれ目は」

この話は興味深かった。深くうなずけた。ただ、芝浜の勝公《かっこう》や、文七元結の長兵衛《ちょうべえ》、富久の久蔵《きゅうぞう》が選ばれた人間とも思えない。もっと云えば日本人が選ばれた民族とは思えない。

東京オリンピックのあとに生まれた談春《オレ》が考えても日本人は変わってしまったと思う。年末年始、全ての人が、ひっそりと正月を迎えるという子供の頃には当たり前だった風景は今はない。その当時、どこを探しても開いている商店は一軒もなかった。コンビニも当時の日本には一軒もなかった。スーパーで売っている御節《おせち》を買う人はこの国には一人もいなかった。

家族のいない人はどうやって正月を迎えるのだろうと毎年思った。淋しいだろうな、嫌だろうなと考えた。変な子供だ。

創元社刊「米朝落語全集」の第五巻に、除夜の雪という作品がある。

一度読んで惚れ込んだ。

舞台はお寺、状況は雪の降る寒い寒い大晦日。静かなものは、という「物は」付けに寺の正月というのがあったそうで、なるほど神社と違って寺の正月というのは、ひっそりとしたもんで。ところが大晦日となるとガラッと変わって除夜の鐘をはじめ新年を迎える行事が目白押し、囲炉裏《いろり》に火をたいて庫裏《くり》はもうなんとはなしに活気だっております、という導入部から凄く良い。

前半は小坊主三人のやりとりがあって、ごく普通の落語だが後半はガラッと変わって怪談めいてくる。この落差が聴かせどころだ。泣かせもあって眼技《がんぎ》が必要とされて、何より落《さ》げがいい。何ひとつとして問題が解決しない、正月を迎える上でこの上なく救いようのない噺だ。

普通は笑わせどころの少ない地味で難しい噺となるのだろうが、難しいから演《や》り甲斐がある。正直に云えば談春《オレ》にとっては難しいと思われているものの方が優しい。ギャグの羅列でプッと吹きだしてゆくうちに、爆笑に繋げる噺の方が余《よ》っ程《ぽど》難しい。ストーリーに則《のっと》って人物描写があって情景描写があって余韻を残しながら、終わる。

その余韻の中にほんの一言だけ、感じる人にだけ、そっとメッセージが添えてある、というのが好きなのだ。

嘘つけ、談春《おまえ》の演る芝浜は文七元結は紺屋高尾《こんやたかお》はくどいじゃないか、と云う方もあろうが、それは別なのだ。あれらの噺はドラマティックな方が効果があると思っている。ドラマ性をどんどん追求してゆくと、クサく、くどくなってゆく。談春《オレ》はサラッと演じる江戸前のねずみ穴なんか聴きたくねぇから。ホロッとするだけの芝浜なんか意味がないと思ってるから。

同じサラッと、ホロッとさせるなら除夜の雪で演りたい。そう思うだけの佳作だった。

〝いつか演りたい〟と思ったのは十年ほど前か。でもすぐにあきらめた。理由は、除夜の雪が古典落語ではなかったから。なんと、除夜の雪は新作落語だったのである。作者は永滝五郎という方で昭和三十年代後半の作だそうな。それを米朝師匠が手直しをしたのだという。

それじゃダメだ。演るわけにはいかない。古典落語なら教われるが新作落語なら教わることができない、という談春《オレ》の思い込みには少し説明がいるかもしれない。

古典落語は落語家皆のものだと思う。どんなに素晴らしい作品に仕上げた師匠がいても、その師匠も先輩から教わった以上、教えてくれという後輩の申し出を無碍《むげ》に断ることはできない。伝えてゆかねばならない義務もある。しかし新作はその人個人の財産だ。原稿用紙のマス目ひとつひとつを本当に大変な思いをして埋めてゆく作業をして、手塩にかけてつくりあげたものを簡単に、演らせてくださいとは云えない。「お前になら伝えてやろう」と作者からの指名でもあれば話は別だが……。おまけに除夜の雪には作者があり、それを米朝師匠がまとめ直したものだ。作者の想いは米朝師匠にしかわかるまい。米朝直門のお弟子さんが後世に伝えてゆく義務と権利を持つもので、門外漢の談春《オレ》が名乗って出るのはおこがましい。可能性としてあるルートは、談春《オレ》が談志《イエモト》に相談して、談志《イエモト》から米朝師匠に頼んでもらう順番だが、その手順で正面から突破するほどの身体、芸人では立川談春はないと自分自身で思う。

惜《お》しいなァ、という結論で納得した。

簡単にあきらめた。この辺りが実にダラシがない。

時は流れて十年後。

平成十八年秋、談春七夜という七日連続の独演会をやることとなった。落語界の中では、そこそこの規模のイベントになる。七夜それぞれにテーマカラーを決めて根多出しをせずにチケットを売り出した。驚くほどの早さでチケットは売り切れた。お客さんから勇気をもらった気がした。

雪がテーマの回で、除夜の雪を演ろう。談春《オレ》が除夜の雪を演りはじめたら観客は驚くだろう。ほとんどの人が聴いたことがないに違いない。「この噺は何だ」というざわめきが、次第に静まって、大晦日の雪の降る寒いお寺の世界に観客全員を叩き込むことができたなら、これ以上の演者冥利《みょうり》はない。

除夜の雪を演ろうと決心した。

そのためには米朝師匠のお墨付きをもらわねばならないが、状況は十年前より悪くなっていた。高齢のため、米朝師匠は御自身で稽古をつけることは、ほとんどなくなったという。

小佐田定雄《おさださだお》氏に相談した。

小佐田氏は、米朝師匠の高弟、亡き桂枝雀《しじゃく》師匠の大切なブレーンであり、その存在価値は米朝師匠も高く評価していると聞く。

「あのォ、米朝師匠に稽古をお願いしたいんですが、やっぱり無理ですかね」

「談春《アンタ》が？　そらええわ。面白《オモロ》いわ。米朝師匠相手にパアパア云えるの、談春《アンタ》ぐらいしかおらん。驚かしたり」

「あのネ、談春《こっち》は真面目に相談してるんだけど……」

「スマン、スマン。で、何を教えてもらうんですか？　一文笛《いちもんぶえ》か」

「違う」

「地獄八景《じごくばっけい》」

「ハズレ」

「なんやのん」

「除夜の雪」

小佐田氏、一瞬息を呑んだが、小膝《こひざ》を叩いて云った。

「そりゃええ！　談春《アンタ》が除夜の雪！　ピッタリやで、ええとこに目をつけなはった」

後日、小佐田氏から米朝師匠の除夜の雪のビデオが送られてきた。あとで調べてみると、除夜の雪のテープは市販されているが、映像は大変貴重なもので、小佐田氏秘蔵のものだった。大感謝、恩人である。早速覚えた。
そのあとで、よくよく考えて米朝師匠に手紙を書いた。ここからこの話はありえ
ない方向へとねじれていく。

手紙を投函して三日後、友人から一通のメールが届いた。
「米朝師匠、骨折、重傷、入院。共同通信より第一報入る」
思わず笑ってしまった。勿論笑ってる場合ではないのだが、談春《ジブン》のツキのなさを
苦笑するしかない。おそらく談春《オレ》の手紙が届いたその晩に米朝師匠は怪我をされた。
稽古どころの騒ぎではない。御高齢であるし命に別条はないとのことだが、リハビ
リをふくめ、全治までは相当の時間がかかるだろう。小佐田氏に電話をした。
「いやあ驚いたワ。立川流の呪《のろ》いは恐ろしいもんやなア。だがしかし、談春《アンタ》はこの
まま黙ってる男やない！　ワシはそうにらんどる。面白《オモロ》なってきたで！　一体どう
なるんやろ」

小佐田氏をアテにするのはやめた。東京米朝事務所のスタッフの方に状況を確認
すると意外に軽傷とのこと。検査入院みたいなもんです、酒も抜けるし丁度いい、
とのことだが、本当のことはわからない。

一週間後、代筆で米朝師匠からお手紙をいただいた。

「御存知の通りの有様です。テープでもビデオでも参考にして演ってくださって結構です」との内容だったが、ハイそうですか、というわけにもいかない。

いよいよ困った。

米朝スタッフの方との相談の結果、実子の桂小米朝兄さんに間に入ってもらうことで話がまとまった。早速お願いすると、

「それとなく親父に聞いてみます。それにしても、除夜の雪とはめずらしいなァ」

これ以上ない強い味方を得て、ちょっとだけど感動した。

ところが、いつまでたっても小米朝兄さんから連絡がない。それとなく電話をしてみたら、なんと「ああーっ！　忘れてた」だって。

いいなァ、この大らかさ。

普通の世の中のルールなら、それはないだろうとなるのかもしれないが、こっちは芸人、そうはいかない。元々、桂米朝という人間国宝の大事な大事な財産を只でもらおうという勝手な話で、しかもそれをメドもつけずに己《オレ》の芸人人生をかけると云っても過言でないイベントの、一つの柱に勝手にした談春の読み自体が甘い。

「除夜の雪は覚えています。できましたら米朝師匠に聴いていただきたいんです」

「ようわかりました。間違いなく親父に伝えます。そして必ず聴いてもらえるようにします。約束します。本当にごめんなさい」

小米朝若旦那、ここからが凄かった。

急転直下、九月二十九日に米朝師匠の御自宅に伺うことになった。小米朝兄さんが付き添ってくださるという。ありがたいことだ。

談春七夜の初日が十月三日。除夜の雪を演ろうと思っているのが四日。全てが思い通りに運べばギリギリセーフで間に合う。

勿論、そんなスケジュールで除夜の雪を演ろうと談春《オレ》が考えていることは誰も知らない。いくらなんでも失礼だもんね。

平成十八年九月二十九日、快晴。

前日が岡山での独演会だったので、まずは新幹線で新神戸へ向かう。三宮から何も考えずに阪神電車に乗った。さあて、どこで降りるんだっけと路線図を見たら、目的の駅名がない。何度見てもない。どうなってんだと考えたら、阪神電車と阪急電車を乗り間違えたことに気がついた。なんで間違えたんだろうと改めて思い直して、わかった。気がついた。気がついて嫌ンなった。阪神電車には尼崎《あまがさき》競艇がある。

大阪には何十回も行っているが行き先はいつも住之江《すみのえ》競艇か尼崎競艇、談春《オレ》にとっての関西はこの二か所。電車は阪神電車と四つ橋線が全てだったのだ。

習慣とは恐ろしいが、さすがに笑う余裕はなかった。

どうにかして目的地に着いて約束の時間には、まだ間があったので駅前の喫茶店に飛び込んだ。飲みたくもないコーヒーを飲んでたら、心がヒリヒリしてきた。頭が冴えきってくる。大げさでなく体の隅々に血が流れているのが意識できる。

緊張を通り越している。落語に関わることでこんな風に追い込まれるのはめずらしいのだけど。

小米朝兄さんと二人で大広間で待つ。

「いやあ、しかし除夜の雪を教えてくれちゅうのは凄いですわ。私は難しくてよう演りません。一門でも千朝《せんちょう》兄さんぐらいですわ。演りはるの」

重ねて云うが、いいなァ、この大らかさ。目一杯追い込まれている談春《オレ》に向かってこの台詞は凄い。トドメの一言がまた凄い。

「今日は小米朝《ワタシ》も勉強させてもらいます」

ややあって人間国宝桂米朝師匠登場。

浴衣の上に上半身にコルセットをはめて、半纏《はんてん》を着ていた。

「師匠、立川談春さんです」

「遠いところをようおいでになった。あんたとは、何処ぞで会《お》うたことがあるな」

「談春さんは除夜の雪の稽古をつけていただきたい、と云わはりまして」

「あー、手紙をくれはったのはあんたか。いやあ、わざわざそれは……。返事を書いたはずやで。どうぞお演りくださいとな。ワシもな、歳をとってな、稽古がしんどいねん」

「ですから、談春さんの除夜の雪を聴いていただきたいんです」

小米朝兄さんの台詞を米朝師匠は聞こえないフリをした。それから除夜の雪にまつわる話をしてくださった。それが一段落すると小米朝兄さんは間髪入れずに、

「談春さんの除夜の雪を聴いてあげてください」

と云ってくれた。

「ワシ、体がエライねん」

そう云うと米朝師匠は除夜の雪を演る上での心構え、注意点を丁寧に教えてくれはじめた。それが終わると、

「そういうことです。どうぞ演ってもらって結構です」

と云った。

「師匠、今ここで談春さんの除夜の雪を聴いてもらうわけにはいきませんでしょうか」

小米朝兄さんは真剣だった。談春《オレ》は……もう充分だった。小米朝兄さんの想いはありがたかったが、正直に云えば「もう帰ろうよ」という心境だった。かなりの間のあと、

「今、談春《アンタ》が、ここで演るんかいナ」

「そうです。談春さんは覚えています。そのために今日は来たんです」

いや、あの小米朝兄さん、それほど強い覚悟で来たわけじゃないんです。できれば許可だけいただいて、このまま帰る方がお互いの幸せかなァー、なんて……。

「わかりました。聴かせてもらいまひょ」

あらー、そうなの？　演るの、ここで。

大丈夫か、オイ。できんのか、談春《オレ》。

小米朝兄さんに云われるまま、次の間で着替えて待った。隣の部屋ではガタガタ物音がしてる。何か片付けているらしい。鶴の恩返しではないが、のぞくととんで

もないことが起きるような気がして談春《オレ》はじっと待った。

「談春さん、どうぞ」

小米朝兄さんの声に導かれるように、談春《オレ》は大広間に入った。入って驚いた。大広間はきれいに片付けられて、板の間の中央に米朝師匠が座布団の上に正座して待っていた。相対して座布団が一枚置いてある。談春《オレ》が座る位置だ。それに平行して小米朝兄さんと若いお弟子さんが座っている。いつ着替えたのか小米朝兄さんは浴衣姿だ。

「はじめまして。勉強させていただきます」

と若いお弟子さんは名乗った。

いや、勉強しなくていいから。できればソッとしておいてほしいんだけど。小米朝兄さんもなんで着替えてんのかな。

「どうぞ、堅《かた》とうならんと、伸び伸びやんなはれ」と米朝師匠。

それ、無理だから。

「よろしくお願い致します」

と談春《オレ》が頭を下げたら、横の二人も頭を下げた。

「勉強させていただきます」だって。

だから、勉強しなくていいって。

「聴かせてもらいます」と米朝師匠。

あのー、返事してくれなくていいから。

ひとつ深呼吸をして、よし、演ろう、と米朝師匠を見て驚いた。よくもまァ談春《オレ》を驚かす人達だ。

米朝師匠が発するオーラがまぶしい。談志《イエモト》とは全く別の種類のものだ。更に……。窓にはカーテンがかかっていてそれらは全て閉められていたのだが、米朝師匠の斜め上の窓一枚分だけのカーテンが開いていて、陽の光が米朝師匠に当たるようになっている。薄暗い部屋の中で陽の光が、ことさら米朝師匠を大きく見せる。ものすごい威圧感だ。このシーン、何処かで見覚えがあると思ったら、ゴッドファーザーのオープニングシーンだ。マーロン・ブランドに必死に訴えかける葬儀屋と、談春《ジブン》がダブって見えた。マフィアの手口でプレッシャーをかけられて談春《オレ》は口がきけない。

「えー、談春《ワタシ》、落語を演ります」

やっと口をついて出たのがこの台詞だった。お弟子さんがコケるのが目の端で見えた。当然だと思った。

次が出てこない。その後の行動が我ながら凄かった。談春《オレ》は無言で立ち上がると隣の部屋の談春《オレ》のカバンから米朝全集を出し、それを持って座布団に座って除夜の雪を黙読しはじめた。小米朝兄さんは目を伏せた。そら見ろ、勉強になんかならねエだろう。

あとはスラスラ出て、なんとか演り終えた。

「よう、キッチリ覚えてくれました。いつでも自由に演ってもろうて結構です」

米朝師匠はそう云ってくれた。お墨付きをいただくことができた。

これで、もうひとつ別の勲章を手に入れることもできた。

談春《オレ》は、五代目柳家小さん、桂米朝という人間国宝の両師匠から稽古をつけてもらったことになる。これはめずらしいことだろう。これから談春《オレ》のことを国宝マニアと呼んでほしい。

小さん師匠から稽古をつけてもらったと云うと驚く人もいるかもしれない。

その日、立川志らくは、いつになく思い詰めた表情で談春《オレ》の前に現れた。

「話ってなんだい」

「実は、志らく《ワタシ》、真打になりたいと思いまして、事務所の社長とも相談したんですが、秋に帝国ホテルを押さえています」

梅雨も間近の頃だった。志らくと談春《オレ》は同じ事務所に所属していた。秋に披露パーティーを行うということは、夏には談志《イエモト》の許可をもらうつもりなのか。

「八月に国立で談志《イエモト》を招いて真打昇進試験の会をやります」

「面白えじゃん」

「談春《アニ》さん。真面目に聞いてください。志らく《ボク》が先に真打になるということは、談春《アニ》さんを抜くということになるんです」

落語家は入門順に先輩後輩が決まる。年齢は関係がない。この序列は生涯変わらない。

ただし。真打になる順番で香盤《こうばん》（看板）が入れ替わる。

志らくが談春《オレ》より先に真打になるということは、公式の場では生涯志らくが談春《オレ》の上《カミ》に位置するということだ。

談志《イエモト》は後輩の志ん朝、円楽に真打昇進に際して、後れをとった。抜かれた。談志より年下の志ん朝は、「談志さん、兄さん」と云っていたが、年長の円楽は、「談志」と呼び捨てにしている。勿論面と向かってではないが。そう云われたところで一言の文句も云えない。逆に本来なら談志は後輩ということで、それまでは呼び捨てにしていた円楽を、円楽さんと呼ばなければならない。そして円楽は、談志《アニ》さんと呼んでいたものを、談志と呼び捨ててよい権利を持つ。談志は円楽に抜かれたのだから。文句を云える筋ではない。当時の落語協会幹部が、談志より先に、志ん朝、円楽を真打にしたのだから。

談春《オレ》は考える。

志らくは黙っていてもよかったものを筋を通して談春《オレ》に伝えにきてくれた。

それも、たった一人で。

素直にありがたいと思う。いや思わなければいけない。ということは、談春《オレ》は思えないのか。世間はどう思うだろうか。二ツ目時代に立川ボーイズで売り出して、談春、志らくと常に云われ続けてきて、まさか談春《オレ》より先に志らくが真打になると思っていた人は少ないだろう。

立川流においては全ての決定権は談志《イエモト》が持つということは、立川談志が談春《オレ》よりも志らくが先に真打になるにふさわしいと判断したということで、この現実から談春《オレ》は逃げも隠れもできない。これほどの屈辱《くつじょく》はない。

　滅多に吸わない煙草に志らくが火を点《つ》けた。

「なあ志らく。どうして真打になるのを急ぐんだ」

　慣れない仕草で灰皿に煙草を置いて、視線を談春《オレ》から外して志らくが答えた。

「談春《アニ》さん、俺達立川ボーイズで売れ損《そこ》なった。もうモタモタしていられないと思うんです。真打をきっかけにして知名度を上げたい……それに……」

「なんだ」

「談春《アニ》さんを待っていたら、いつ真打になれるか、わからない……」

「そうか。志らく《アンタ》から見れば、談春《オレ》は博打ばっかりしてて、落語に対して一所懸命には見えないかもしれないな。なァ志らく、談春《オレ》は真打とは、いくらか世間に知られた存在になった者に与えられる称号だと思ってるんだ。志らく《アンタ》と談春《オレ》で真打に対する考え方、基準が違う。それでいいんじゃないか。どうぞ、先になってください」

　志らくは真打昇進試験の会で、見事に談志《イエモト》から合格をもらった。

「おめでとう。良かったな」

と談春《オレ》が声をかけたら、志らく《アイツ》は、

「ありがとう。君も頑張ってね」

と笑いながら答えやがった。

「殺すぞ、この野郎」

と談春《オレ》も笑いながら云ったら、周囲《まわり》が凍った。どうもこの種の洒落は通じないらしい、という現実に談春と志らくの方が驚いた。


「志らく、真打パーティーの司会、誰がやるんだ」

「決まってませんよ」

「談春《オレ》がやってやるよ」

「えーっ。いいんですか。志らく《ワタシ》のパーティですよ」

「だからやるんじゃねェか。普通に会場に行ってみろ。色んな人が、色んなことを談春《オレ》に云ってくるだろ。いちいち相手にすんの面倒くせえヨ」

「なるほど」

「ただ、真打パーティーの司会を二ツ目の談春《オレ》がしてもいいもんかな。談志《イエモト》に聞いてみな」

「談志《イエモト》、驚くでしょうね」

後日、その模様を志らくから聞いた。談志《イエモト》の方から「誰が司会なんだ」と志らくに尋ねたらしい。志《お》らく《まえ》談春兄さんです、と答えたら、何っ、と云って顔色を変えたという。志らくが頼んだのか、と云ったから、が頼んだのか、と云ったから、談春《アニ》さんが名乗り出てくれました、と云ったら黙ってしまったと。

「只今より立川志らく真打昇進披露パーティーを開宴致します。司会は新真打の兄弟子ながら何故か二ツ目の立川談春が務めさせていただきます」

これはウケた。満場大爆笑だった。

「立川流家元立川談志より、一言御挨拶申し上げます」

「えー、司会が馬鹿ですいません」

談志《イエモト》の一言でまた爆笑。

志らくの真打昇進に際して談志《イエモト》から談春《オレ》には一言もなかったが、この挨拶の最後で、

「我が立川流は自己申告制です。真打になりたいと志らくが云ってきたので認めただけのことです。なりたい奴はなればいい。談志《アタシ》の基準を満たせば、いつでも真打

にしてやると云っています。それは全員が理解していると思います」と云った。

この一件での周囲の反応が実に面白かった。大別するとパターンが三つ。

Aは談春《オレ》の顔を見るなり近寄ってきて、肩を抱かんばかりに耳元でささやく。

「気持ちはわかるよ。談志師匠もヒデェことするよな。志らくなんかに負けんなよ。俺は応援してるから」

Bはひどく思いつめた表情で真っすぐに談春《オレ》をみつめて、「談春《アナタ》はこんなことで負ける人ではない。私は信じています。精進して名人を目指してください。談春《アナタ》ならきっとなれます」

Cは普段通りにやってきて、普段通りに付き合って、「まァ志らくの一件に触れないのも、気ィ遣ってるように思われるから云っとくけど、いいんじゃないの。談春《アンタ》にはいい薬になったんじゃない。全部自分の思い通りにはいかないことがわかっただけでも」と云って消えてゆく。

AとBはあんまり深く付き合っていない人に多かった。この三つのパターンの中に落語家は一人も入っていない。同業者は事の重大さをわかっているから、簡単に声をかけてはこない。

正面切って触れてきたのは後輩の橘家文左衛門《ぶんざえもん》が初めてだった。

「談春《アニ》さん、何やってんだよ。早く真打になってくれよ」

「文左衛門《おまえ》が考えるほど簡単なことじゃない」

「談志師匠が可哀そうだと思わねェのかよ」

「何？」

「俺、小朝師匠と一緒に談志師匠の家にお中元に行ったんだよ。小朝師匠が、今度は志らくさんの真打昇進おめでとうございますって云ったんだ。談志師匠、嬉しそうな顔をしたよ。次に小朝師匠なんと云ったと思う。談春さんはどうなさるおつもりですか、って聞いたんだ。俺驚いたよ」

「談志《イエモト》、なんて云った」

「顔色を変えてさ、しどろもどろになっちゃった。あんな談志師匠初めて見た」

「何て云ったんだ」

「小声で、談志《オレ》は談春《アイツ》のことはちゃんと考えてるんだって。それから、ありがとうって云って急いでドアを閉めちゃった。談春《アニ》さんよォ、親不孝だぜ」

知らなかった。

小朝師匠は俺に向かって、

「談春さん、グレちゃダメだよ」

と云ってくれた。小朝師匠らしい物云いだとは思ったが……。談春《オレ》の知らないところで、談春のことを考えてくれている人がいる。たぶん、談春《オレ》の想像以上に多くの人がいる。

自分の中では割り切っているつもりだったが、拗《す》ねているだけではなかったか。甘ったれているだけではなかったのか。

両親は泣いた、らしい。談春《オレ》の前では努めて明るく振る舞ってはいたが。

「少しはどうにかなったあとで真打になる」

志らくの前で切った談春《ジブン》のタンカが頭の中で蘇る……。

時間ばかりが空しく過ぎる。

少しばかり自棄《やけ》になっていたのかもしれない。

その日談春《オレ》は、さだまさしの前で酔い、グチった。さだまさしに談春《オレ》は惚れ、さだまさしは落語を愛し、談志を尊敬していたので、弟子の談春《オレ》を可愛がってくれた。

初めてさだまさしに甘ったれたら、見事なまでに跳ねつけられた。

「談春《おまえ》、一体自分を何様だと思ってんだ。立川談志は天才だ。俺達の世界でたとえるなら、作詞作曲、編曲に歌に演奏まで独りでできてしまう。その全て、どれをとっても超一流、そんな凄い芸人が落語というひとつの芸能の中で、五十年の間に二人も三人も出現するわけがないだろう。憧れるのは勝手だがつらいだけだよ。談春は談志にはなれないんだ。でも談春にしかできないことはきっとあるんだ。それを実現するために談志の一部を切り取って、近づき追い詰めることは、恥ずかしいことでも、逃げでもない。談春にしかできないことを、本気で命がけで探してみろ」

「でも談春《オレ》、もう少しなんとかなりたい。オールマイティに近づきたい」

「あのな、誰でも自分のフィールドに自信なんて持てない。でもそれは甘えなんだ。短所は簡単に直せない。短所には目をつぶっていいんだよ。長所を伸ばすことだけ考えろ。談春の長所がマラソンなら、マラソンで金メダルとるための練習をすればいいんだ。マラソンと一〇〇メートル、両方金メダルはとれないんだよ。マラソンと一〇〇メートルではどっちに価値があるかなんてお前の考えることじゃない。お前が死んだあとで誰かが決めてくれるさ。お前、スタートラインに立つ覚悟もないのか」

「あります」

「それなら早く真打になれ。そこがスタートラインだろう」

そうか、スタートラインが真打なんだ。スタートラインを一歩でも二歩でも他人《ひと》より前にしようという考えが間違いだったんだ。さだまさしのアドバイスで吹っ切れた。状況の問題じゃない。スタートしたら走り続けるという覚悟の問題だったんだ。

あの夜が、さだまさしの一言がなかったら談春《オレ》はどうなっていただろうと思うと恐ろしくなる……。


どういう形で真打になるか、そのプロセスが問題だった。

談春《オレ》が談志《イエモト》の元へ出向いて、二人っきりでの試験があって談志《イエモト》からOKをもらう、という普通の形では面白くない。世間も許しはしないだろう。志らくに抜かれた談春が、どんな仕掛けで真打になるか、冷やかし半分、ヤジ馬根性丸出しで楽しみに待っている。勿論、それは談春《オレ》も望むところだ。意地もあるし、けじめもつけたい。

考えたあげく、真打になってゆくプロセスをドキュメントで見てもらうことにした。

立川談春真打トライアル。

月一回の会を六か月連続で行い、最終回に談志《イエモト》に合否を判定してもらう。第一回と最終回のゲストが談志《イエモト》。残る四回は、小朝、志の輔、昇太・志らくがペアでゲスト。文句なし、最高の布陣が揃った。

しかし、最高ではあるのだが……、この上にもう一丁、最強の二文字を載せるわけにはいかないいか。立川談春の意地は、けじめは、ここまでやるかと皆をうならせることはできないか。怖いことだったが、談春《オレ》は一体誰を驚かせたいのか、本気で、真剣に考えた。答えはすぐに見つかった。だが談春《ジブン》が何故その答えに行きついたか、己の心情に対する覚悟が追いつかなかった。

談春《オレ》が驚かせたい対象は、立川談志だ。

覚悟を決めて云うなら、談春《オレ》が見返してやりたいのは立川談志、談春《オレ》より先に志らくを真打にした立川談志にけじめをとらなければ、談春《オレ》はスタートラインに立つことも、そこから一歩も先に進むこともできないんだ、とそう思っていることを初めて明確に意識した。

ならばゲストには、人間国宝五代目柳家小さん師匠しかいない。そう考えた瞬間に背筋に寒気が走った。

談志《イエモト》は、所属している落語協会の旧態依然《きゅうたいいぜん》としたあり方に疑問を持ち続けていた。そして真打試験に自らが自信を持って送り出した弟子が落とされて激昂《げきこう》した。立川談志を否定されたと思った。そして落語協会を脱会する。落語協会会長は談志の師匠である柳家小さんである。弟子が師匠に反旗を翻《ひるがえ》した、しかも騒動の主は立川談志だということで世間の耳目《じもく》を集めマスコミも飛びつく大事件になった。大騒ぎの中、会長という立場上、他に示《しめ》しがつかないからと、小さん師匠は談志を破門した。上等だと談志《イエモト》は吠えた。当時の騒ぎは、若乃花、貴乃花の兄弟ゲンカの比ではなかった。以来、小さん、談志《イエモト》は絶縁状態が続いていた。二人の仲を取り持とうと大物政治家まで動いたが、談志は頑として譲らなかった。

そんな状況の中で、落語協会のシンボルである小さん師匠を一介の二ツ目、それも立川流子飼《こが》いの談春《オレ》がゲストに呼ぶということは、気の弱い落語家が聞いたら、座り小便して馬鹿になっちゃうぐらいの衝撃だ。しかも、談春《オレ》は談志《イエモト》に一言の相談もなく、単身小さん師匠の元へ乗り込もうと決めていた。話が拗《こじ》れれば、談志《イエモト》の面子《メンツ》は丸つぶれ。談春《オレ》の首を差し出せば済むという問題ではない。破門覚悟という日本語はあるが、そんなもんじゃない。破門確定だ。そりゃ背筋だって寒くなる。

談春《オレ》の味方はたったひとり、小さん師匠の孫で、友人の柳家花緑だけだった。

「というわけなんだけど、談春《オレ》の会に小さん師匠がゲストとはやっぱり無理かな」

「そんなことないでしょ、談春《アニ》さんと談志師匠は違うんだから。花緑《ボク》が小《師》さん《匠》に聞いてみますよ。大丈夫、きっと出演《でて》くれますよ」

「いや、あの、そんな簡単な問題じゃないと思うんだけど……、まァ、よろしくお願いします」

名人の血筋というのは、みんなが大らかにできているのだろうか……。

電話の花緑の声は弾んでいた。

「談春《アニ》さん、OKです、小さんは出演《で》ますよ。談志は破門したが、談志の弟子は関係ない、そういう会なら喜んで出るって云ってます。どうです、花緑《ボク》が云った通りでしょう」

ありがとうと云って電話を切ったが、エライことになったと思ったら体がふるえだした。

小さん師匠のお宅へ飛んでいった。

型通りの御礼の挨拶をして頭を下げた。談春《オレ》の頭へ向かって聞こえてきた小さん師匠の言葉に耳を疑った。

「小さん《オレ》が出ることを談志は知ってるんだな。それならいい。あとでお互いに気まずい思いをするのも嫌だからな」

破門した談志《弟子》に対して云う台詞ではない。小さん師匠は談春《オレ》が談志の弟子だからこそOKしてくれたんだ……。

談志《イエモト》をゲストに迎えた一回目の真打トライアルで談春《オレ》は包丁を演った。包丁は志らくが昇進試験の会で談志《イエモト》の前で演った根多だ。それを承知で、目一杯意識した上で選んだ。

演り終えて楽屋で聴いてくれていた談志《イエモト》に挨拶すると、談志《イエモト》は楽屋のモニターを見たままで、

「それでいい。どこひとつをとっても直すところはない。上出来だ」

と云ってくれた。心が、体が、ふるえた。

翌日、談志《イエモト》の元へ御礼に出向いた。

「昨日の包丁な、談志《オレ》より上手かった」

驚いて御礼の言葉も出なかった。

「談春《おまえ》の会に小さん師匠が出てくれるんだって」

ドキッとして言葉が出なかった。

「談志《オレ》が小さん師匠の家に挨拶に行ってやる。段取りしろ」

そしてニヤッと笑ったあとで、ドスの利いた声で、

「談春《おまえ》の仕掛けに乗ってやらァ」

と云った。その晩寝れなかった。

覚悟は決めたはずだった。望むところのはずだった。だが談志《イエモト》のドスの利いた声が耳について離れない。小さん師匠が談志《イエモト》に会うと云ってくれれば万々歳だ。小さん、談志が認める最強だか最狂だか、とにかくとんでもない真打として談春《オレ》は認められるだろう。しかし小さん師匠が談志《イエモト》に会うとは思えない。答えは「それには及ばぬ」のはずだ。談春《オレ》はたった一言の小さん師匠の答えを持って、それを談志《イエモト》に伝える。当然談志《イエモト》は納得するはずもなく、その先は……想像したくない。せめて談志《イエモト》に伝える理由に必然性が欲しくて花緑に相談した。

「小さん師匠は談志《イエモト》に会ってくれるだろうか」

「それは無理です」

いつになく強い口調で花緑は云った。

「談春《アニ》さん、花緑《ワタシ》がただの小さんの弟子なら二人に会ってほしいと思います。きっと小さんも喜ぶでしょう。でも僕は孫なんです。小さんは僕にとってはおじいちゃんなんです。知っての通り小さんは、脳梗塞の発作が起きてから めっきり体力が落ちました。気力も萎《な》えてきています。談志師匠と会うことがどれほど小さんにとって嬉しいことか、それは小さんにしかわかりません。ただ嬉しいにしろ、談志師匠流の甘え方に腹を立てるにしろ、小さんは平静でいられません。喜んでも、怒っても興奮してしまうんです。それが身体に良い影響を与えるとは思えません。談春《アニ》さん、怒らず聞いてください。僕はこのまま平静に最期の時を迎えるのが小さんにとって一番良いと思うんです。もうそっとしておいてあげてください。小さんは落語界のために充分働いたと思いませんか。穏やかに落語家のまま最期を迎えさせたいんです。もしかすると小さんの考えは違うかもしれませんが、それでも僕がよしと思ったようにします。小さんを守るのは孫の僕しかいないんです」

返す言葉がなかった。

二人で相談の結果、小さん師匠は病気以降少し記憶の定《さだ》かでないところがあり、談志《イエモト》と会っても仕方がないので断る、ということにした。だが、そんなことで談志《イエモト》が納得しないことは談春《オレ》も花緑もよくわかっており、と云って談志《イエモト》を納得させる理由などはじめからみつけられるはずもなく、二人はうなだれたまま別れた。


「小さん師匠のお宅に伺う件ですが……」

「ああ」

と云って談志《イエモト》は談春《オレ》に視線を向けた。

「断られました」

スッと談春《オレ》から視線を落として、

「小さん師匠からか」

と談志《イエモト》は云った。

「いえ、小林家の総意です」

「小林家だあ！」

絶叫に近い声だった。

「談志《オレ》は小林盛夫に会いに行くわけじゃねェ！　小さんに挨拶に行くんだ！」

「はい……」

「いいか、談春《おまえ》のことで礼に行くんだ。破門されたことを糺《ただ》しに行くわけでも、勿論詫びに行くわけでもない。何の不都合があるんだ。答えてみろ！」

「……」

「もう一度云う。礼に行くだけだ。その他の話をするつもりはない。詫びるつもりもない。まァ仮にだ、詫びたところで困るのは小さんだがな。それとも何か、詫びる気がなくちゃ会わんとでも云うのか！」

目をつぶって談春《オレ》は云った。

「小さん師匠は体調を崩されています。気力も落ちて最近は時々記憶が定かでないところもあるそうです。そんな状態で談志《イエモト》と会うのは避けたい、と小林家では云っています」

その後、談春《オレ》は必死で話したが、何を云ったのかは覚えていない。黙って聞いていた談志《イエモト》だったが、改めて談春《オレ》を見つめて、ゆっくり、静かに、そしてとても乾いた口調で、

「談春《おまえ》は、談志《オレ》に、親父がボケたとでも云いたいのか」

と云った。

談春《オレ》は談志《イエモト》が小さん師匠を親父と呼ぶのを初めて聞いた。そして以後二度と聞く

ことはなかった。談志《イエモト》の問いに、はいと答えてしまえ、楽になれと誘う自分と、死んでもはいと云うな、踏ん張れと励ます自分がいた。談志《イエモト》は談春《オレ》の嘘など簡単に見抜けるはずだ。それなのに努めて冷静を装って談春《オレ》に確認している。立川談志にとって柳家小さんの存在の大きさを少しだけわかった気がした。

結局、小さんと談志は会わなかった。いや、談春《オレ》と花緑のせいで会えなかったのかもしれない。小さん師匠をゲストに迎える会の当日、談春《オレ》は改めて小さん師匠のお宅へ伺った。

「わざわざ今日来ることはねェんだ」

と小さん師匠は笑顔で迎えてくれた。

「今日は何の根多を演るんだ」

「蒟蒻問答です」

「そうか」

と云うと、小さん師匠は、いきなり蒟蒻問答を演りはじめた。一席終わると、大事な部分をもう一度演ってくれる。そして最後にもう一度、頭から演ってくれた。心底驚いた。隣で花緑もビックリしている。まさか小さん師匠から稽古をつけてもらえるとは思わなかった。

そしてもうひとつ驚いたことがあった。

稽古の仕方、進め方が談志《イエモト》とそっくりだったのである。小さんが談志に教えたものを、同じ教え方で談春《オレ》は教わってたんだ。

談春《オレ》の芸には間違いなく、柳家小さんの血が流れていたんだ……。

そう実感できたら、何故かたまらなくなった。


「小さん師匠」

「なんだい」

「実は今回の件で、談志が是非小さん師匠にお目にかかって、一言御礼を申し上げたいと云っております」

花緑の顔色が変わった。部屋に緊張が走る。小さん師匠は、しばらく考えたあとで、談春《オレ》から視線を外すと、ひとつため息をついてから云った。

「そんなことはしなくていい。あのな、談志は一家を構えて、たくさんの弟子をとって、独立して立派にやっている。今更俺のところに来なくてもいい。あいつは……、今のままでいいんだ」

談春《オレ》も花緑も、黙ってうつむくしかなかった。

それぞれの想いが縺《もつ》れてゆく……。

超満員の国立演芸場。出囃子「序《じょ》の舞《まい》」に乗って小さん師匠が高座に向かう。談《オ》春《レ》と花緑は固唾を呑んで舞台袖からそれを見守る。

「本日は談春の会で、当人、真打を目指して頑張っております。談春は……」

ここでブレス。観客も談《オ》春《レ》も前のめりになる。

「談志《ししょう》に惚れ切っております」

一瞬の間《ま》のあとで、

「もっとも弟子が師匠に惚れるのは当たり前なのですが……」

と云うと、ちょっと困ったような表情をした。満場大爆笑、大拍手。

談《オ》春《レ》は笑えなかった。小さん師匠に談志《イエモト》の話などしなかったのに、何故あんなことを云うのだろう。

次の瞬間、雷にでも打たれたように背筋が伸びた。談《オ》春《レ》は、覚悟だの、けじめだの、一丁前のつもりで独り思い込んでいたが、談《オ》春《レ》の想いはそんなものじゃなかったんだ。子供が母親に向かって駄々をこねるように談志《イエモト》に、愛してくれ、みつめてくれと泣きわめいて甘ったれているに過ぎなかったんだ。小さん師匠は、それをわかった上で、いや、わかったからこそ、わざわざ談春《オレ》の会に出てくれたんだ。そして、談志《イエモト》は小さん師匠の気持ちがわかるからこそ、挨拶に行くと云ってくれたんだ。

涙が出た。

「小さん師匠、本日はありがとうございました。真打になれました暁《あかつき》には改めて御礼に伺います」

と云ったら、談春《オレ》を手招きして、

「大丈夫だよ。談春《おまえ》は真打になれる。談志はそのつもりで育てているんだから。心配しなくていい」

と耳元でささやいてくれた。その後談志《イエモト》は、

「小さん師匠を呼ばれたんじゃしようがねェ。まァ、合格だ」

と談春《オレ》の真打昇進を認めてくれた。

後日、小さん師匠は花緑に向かって、

「談春みたいな礼儀正しい男とは一生友達でいろよ。大事にしろよ」

と云ったそうだ。そして驚くべき台詞を残した。

「ところで花緑、談春って奴は、志らくって奴とは別々なんだな」


小さん師匠が亡くなった時に談志《イエモト》は葬式に出なかった。

そのことについて談志《イエモト》から話をはじめたことが一度だけある。いつもの銀座のバーで、談志《イエモト》と談春《オレ》と花緑の三人だけだった。

「談春《おまえ》の会に小さん師匠が出たことがあったな。あの時が手打ちのタイミングだったかもしれん。談春《おまえ》と花緑が間に入った方がかえって良かったのかもしれん。ただお前達にその覚悟がなかった。とてもとても、私共はそんな身体じゃございませんと云うなら、談春《おまえ》は小さん師匠を招くなんということを考えない方が良かったかもな。無論これはお前達を責めているわけではない。談志《オレ》も小さん師匠の元へ戻りたかったわけでもない。うっかり落語協会なんぞへ戻ってみろ。大変だぞ。談志《オレ》も困るが、小さん師匠はもっと困っただろう。葬式に出てやりゃあ、小さん師匠は喜んだろうが、馬鹿な落語家共の顔も見なきゃならん。それは真っ平だ」

小さん師匠は気のおけない人との会食、酒宴で談志《イエモト》の話になると必ず次のように云ったという。

「談志《あいつ》はな、何にも云わなくていい。詫びの言葉なんか一言もいらないんだ。ほんの少し頭を下げればそれでいい。お辞儀なんていいんだ。そうしてくれたら、俺は談志《あいつ》を喜んで迎える」

小さん師匠《イエモト》にここまで云わせる談志《弟子》は間違っているのだろうか。小さん師匠の想いは談志《イエモト》には伝わらなかったのか。

「葬式、つまり儀式を優先する生き方を是とする心情は談志《オレ》の中にはないんです。そんなことはどうでもいい。何故なら……」

談志《イエモト》は、ちょっと胸を張って云った。

「談志《オレ》の心の中には、いつも小さんがいるからだ」

平成十九年、談春《オレ》は真打になって十回目の正月を迎える。

解説

福田和也

はじめは、立川談志、家元だった。

平成十五年十二月、発売されたばかりの『談志が死んだ――立川流はだれが継ぐ』（立川談志・落語立川流一門）を読んだ。タイトルは不穏な回文だが、内容は昭和五十八年以来、二十年の立川流の足跡を振り返りつつ、ポスト家元を問うというものだった。

その中で家元が談春を絶賛していた。

「『包丁』を聴いた。見事であった。文句なし。あの円生師匠が唄う『八重一重』の端唄をきちんと唄っての出来上がり。お前〝上手いネ〟と家元の評。弟子を褒めるなんて滅多にないことなんでさァ……だから芸界での家元の一言は重い。（中略）見事に家元を踏襲して己を出している。ここまで演れるなら、家元はもういい、不《い》要《ら》ない。褒めてやる」

これだけでも凄いことなのだが、本書に収録された鼎談、対談における談春の差配ぶりがまた見事だった。彼がからんでない対談とは格段に違う面白さで、そこからも実力のほどがはっきり見えた。

それから間もなく、年末進行の原稿に追われ、私はホテルに缶詰めになっていた。ある日、パソコンをいじっていたら、明日、お江戸日本橋亭で落語会があり、談春が出ることを知った。

地図を見たら、いつも行っているカレー屋と眼鏡店の間の路地にあるではないか。昼飯がてら抜け出すしかない。

お江戸日本橋亭は、座敷席の後ろにパイプ椅子が並ぶ八十席ほどの小屋だった。けして広くはない講釈場を圧倒するような、角ばった、ちょっと凄みのある顔をした噺家が登場した。

談春だった。

マクラ代わりに『桑名舟』を演ったと思ったら、いきなり『札所の霊験』を始めた。

おいおい、この席でこんな厄介な話をやるの？　と心配したけれど、御本人は、全く動じていない。

口跡がさっぱりしていていやみがなく、大ネタと感じさせない余裕ある話ぶりに、地力の深さを感じさせる。しかも、途中で平気で脱線しておいて、一瞬にして円朝人情噺の世界に客を引き戻す。余人のできることではない。

談春が演ったのは円生版「札所の霊験」の、そのまた前半だけだったが、円朝の新しさ、新奇さ、奇態さを存分に感じた。

とてつもない才能を秘めた噺家を見つけたと、その日一日、興奮が冷めなかった。談春詣でが始まった。

一人で聴くのはもったいないと、噺好きの友人や編集者を誘って、都合のつく限り独演会に足を運んだ。談春という噺家が存在していて、今に世間を席巻するぞ、というような高調子の気分だった。

何度目かの独演会で、談春の奥さんから言われた。

「電話を教えていただけますか、談春がお願いしたいことがあると申しています」

その後なかなか電話はかかって来なかった。

ようやく、連絡がついた。

なんと、池袋での入門二十周年「立川談春大独演会」で「九州吹き戻し」を演るから、見てくれというのだ。

大正期を代表する天才落語家初代柳家小せんの大ネタ。巧いだけではこなせない、大づかみな構成力と、その枠を踏み破る迫力がなければつとまらない、とてつもない噺。幸田露伴の初期作品を思わせる作品でもある。

当時、家元以外に演じる噺家はいなかったのだが、敢えて師の教えを受けずに独力でやるという。

面白い事になってきた。

平成十六年十一月十二日から三日間行われた独演会の初日に行った。談春は最初の演目にこの話をもってきた。

馬琴とはいかなくても、露伴の風格を髣髴とさせる堂々たる『九州吹き戻し』を聴きながら、大袈裟でなく、談春の時代を、ともに生きる悦びを実感したのだった。

∴

「なぜ書かなきゃいかんのですか」

談春は言った。

平成十七年が明けて間もなくのことだった。なじみの銀座のバーに談春を招き、私は『エンタクシー』編集長の壹岐真也と雑誌に原稿を書いてくれるよう説得していた。

実際何と言って口説きおとしたのか、覚えていないのだが、後に談春が書いた原稿によると、私はこう言ったのだという。

「私は物書きです。あなたの芸は何度も見せていただいた。大好きです。しかしあなたのフィールドを私が理解したにすぎません。今度は私のフィールドに上がってくれませんか、どんな表現をしてくれるか楽しみです。あなたに興味の無い人も納得させるものが書けると私は確信しています。大丈夫です。請け合います」

我ながらいい事を言うと感心してしまったが、この言葉に談春は感動してくれ、「談春のセイシュン」の連載が始まった。

最初の原稿を読んだとき、私は思わずうなってしまった。

周囲が職人ばかりで、背広を着て毎日同じ場所に通う人生を想像できない少年（談春）は、落語に関心を抱き、談志と志ん朝に魅了される。

きっちり噺をする志ん朝のスタイルなら自分にもできるかもしれないと、知人から紹介してもらう手筈ができたときに、談志の「芝浜」を聴いてしまう。

「人情噺を語る志ん朝を聴いたことがなかったが、その後、志ん朝の文七元結を聴いた。ものすごく上手くて感動したが、凄さはなかった。観客はめいめい、『上手いね』『名人芸だ』と笑顔で語りながら会場をあとにしてゆくが、談志の芝浜の時のように、思いつめた顔でうつむきながら帰ってゆく人は一人もいなかった。

談志の弟子になろうと決めたのはその時だった」

きわめて読みやすい、質の高い文章だが、その水準の高さは著者の生き方を反映している。

十代で、自分はいかに生きるべきかについて、現実に相わたる形で思いつめてしまう厳しさこそが、この明晰さを生んでいる。さらに言うと、自らの生きるスタイルを、文章のスタイルと一致させている、言文一致ならぬ人文一致となっている。これはまさしく才能と呼ぶしかない資質だ。

平成十七年春号から足掛け三年続いた連載は、二十年四月、『赤めだか』という単行本となって上梓された。

新聞配達所で働きながら、斡旋された下宿から石神井の師匠宅に通う修業時代、築地魚河岸に修業に出されたときの経験、兄弟たちとのつき合い、高田文夫との交流、志らくとの相克、二つ目昇進試験とお披露目のための工面など、四年におよぶ前座生活のあらゆる局面が舌を巻くような筆致で描かれている。

過去との対峙の仕方も見事だ。二十年以上も前の、自分の戸惑い、認識不足を提示することで、現在との距離と差異を示すだけでなく、まだ落語家になりきれていない、前座時代の生活と思惟が鮮やかに記されている。下積みの生活がどういうものなのか、どんな発想を生むのかが、その匂いとともに画然と描出されている。

話題になるぞ、とは思ったけれど、反響は私の想像を上回るものだった。

多くのメディアが取り上げ、本は増刷に次ぐ増刷を繰り返し、ベストセラーとなった。さらにその年の講談社エッセイ賞受賞という快挙まで成し遂げた。

談春へのインタビューで多く出た質問は、「本当に自分で書いたんですか?」だったとか。

まあ、そう思われても当然だろう。

笑わせて、泣かせて、しっかり腹に残る。プロのでもこの水準の書き手は、ほとんどいない。談春は間違いなく言葉に祝福されている。

この本が出る前のこと。家元が私に尋ねたことがある。

「どうして談春なの?」

もの書きとして有望な弟子はもっと他にいるではないか、というのだ。

けれど私は、談春が原稿用紙だけではない、確固としたテキストを己のなかに作れる人間であると確信していた。

∴

今年三月、談春の三十周年記念落語会「もとのその一」を東京の国立演芸場に観にいった。

談春の落語を聴くのは久しぶりだったけれど、ここ数年の活躍で、当代随一の噺家という風格が漲っていた。

演目は「道灌」「たらちね」「百年目」。

「百年目」は関東では滅多に演じられない上方の大ネタだ。それを、サゲを変えて演った。さすがは談春。俺はこれをやるんだという意気込みが伝わってきた。

奇しくも、その一週間ほど前に亡くなられた桂米朝師匠の追悼になった。

話しぶりはふくよかでありながら、ぎらっとした凄みを手放してはいない。

私もまだまだやらなくちゃな、という気持ちにさせられた。

刊行から七年を経て、『赤めだか』が文庫化されることになった。単行本は総部数十三万部を突破したという。この出版不況に、めでたい話だ。

この原稿を書きながら、十二年前にお江戸日本橋亭で観た「札所の霊験」を思い出した。

あの頃は談春も私も、これをやろう、あれもできるぞ、こんなこともやってみたいの時期だった。

今では、よくも悪くも、自分にできること、できないことが見えてきた。この後半戦をどう戦っていくのかで、お互い真価が問われることになるだろう。

本書は二〇〇八年四月、単行本として刊行した
『赤めだか』に加筆修正をして文庫化したものです

装画／塩川いづみ
装丁／市川晶子

立川談春(たてかわ・だんしゅん)
1966年、東京都生まれ。1984年、17歳で立川談志に入門。1988年、二ツ目昇進。1997年、真打昇進。2014~15年、落語家三十周年記念落語会「もとのその一」で日本全国を周る。2008年、本書で講談社エッセイ賞受賞。最近は、「下町ロケット」(TBS系)等のテレビドラマでも俳優として活躍

赤めだか

発行日　2015年11月21日　初版第1刷発行
　　　　2015年12月30日　第3刷発行

著　者　立川談春

発行者　久保田榮一
発行所　株式会社 扶桑社

〒105-8070
東京都港区芝浦1-1-1　浜松町ビルディング
電話　03-6368-8870(編集)
　　　03-6368-8858(販売)
　　　03-6368-8859(読者係)
http://www.fusosha.co.jp/

印刷・製本　図書印刷株式会社

定価はカバーに表示してあります。

ISBN 978-4-594-07362-6